中公新書 2674

齋藤純一
田中将人
著

ジョン・ロールズ

社会正義の探究者

中央公論新社刊

はじめに

政治哲学者ジョン・ロールズは、一九二一年二月二一日、アメリカ合衆国のメリーランド州ボルティモアで生まれた。彼は生涯の大半を研究者として過ごし、二〇〇二年一一月二四日にマサチューセッツ州レキシントンで亡くなった。第一次世界大戦後から同時多発テロにいたる「アメリカの世紀」を生きた彼の生涯は、一言でいえば、「正義にかなった社会とは何か」という問いの探究に捧げられたものだった。

ロールズの名は何よりも『正義論』によって知られている。それぞれ異なった仕方で生きている私たちが、互いを自由かつ平等な存在とみなすなら、社会の制度やルールはいかなるものであるべきか。これが『正義論』の問いである。彼は、人種やジェンダーによる差別が存在する社会、家庭の貧富の差が進路を大きく左右する社会、生まれつきの才能の違いが著しい格差につながる社会は、正義にかなったものとはいえないと考えた。

そこでロールズは次のような提案をする。本人の責任を問えないような偶然性の影響を遮る「無知のヴェール」を被った当事者たちが契約を結ぶとしたら――かぎりなく公正な状況で結ばれる仮説的契約がなされるとしたら——どのようなルールが採用されるかを考えるべきだ、と。

そうした公正とみなされる条件のもとで得られる正義の構想を、ロールズは「公正としての正義」とよぶ。この構想の特徴を示すのが、有名な「正義の二原理」である。第二章で詳しく述べる通り、それは平等な自由の原理（第一原理）、公正な機会平等の原理（第二原理前半）、格差原理（第二原理後半）という三つのパートからなる。このようにロールズが示した「公正としての正義」は、リベラリズムの伝統を刷新し、平等主義的なリベラリズムの立場を旗幟《きし》鮮明に示した正義の構想として広く受容されていく。

これから本書で見ていくように、ロールズが力強く擁護したのは「平等なき自由」でも「自由なき平等」でもなく、「平等な自由」である。それぞれの自由な生き方が誰かを手段化するのではなく、相互性のある公正な社会的協働として編成される社会。これがロールズの描く社会の姿となる。

『正義論』は多大な反響をよびおこし、「ロールズ・インダストリー」と称されるほどの膨大な研究と文献をもたらしてきた。少なくとも今日までに三〇ヶ国語に翻訳され、アメリカだけでも三〇万部以上が売れたとされる。この本は、政治哲学のいわば「座標軸」となり、ロールズの立場をフォローしてリベラリズムを擁護する者だけではなく、それを批判する対抗的な議論も招き寄せた。

代表的な批判者としては、ロバート・ノージック（一九三八～二〇〇二）とマイケル・サンデル（一九五三～）の名前を挙げることができる。彼らはそれぞれ、個人の所有権と国家に干渉されない自由を擁護するリバタリアニズム、コミュニティへの帰属を重視するコミュニタリアニズムという立場から、ロールズを批判した。

とはいえ、こうした批判にもかかわらず『正義論』に対する両者の評価はきわめて高い。「今や政治哲学者たちは、ロールズ理論のなかで仕事をするか、それとも、なぜそうしないのかを説明するか、のいずれかをせねばならない」[1]（ノージック）。「ロールズは、正義、権利、政治的責務について合理的に議論することが可能だと示し、政治理論を復活させた。新しい世代が、道徳や政治といった昔ながらの問題に取り組むきっかけをつくったのだ」[2]（サンデル）。

実際、『正義論』は政治哲学における研究の流れを大きく変えた。第二次世界大戦後の政治哲学ないし政治理論の研究は概して低調で、「二〇世紀において、政治理論の圧倒的な著作は現れていない」[3]（アイザイア・バーリン）と嘆かれていた。ここでいう政治哲学や政治理論とは、経験的な事実の解明を試みる実証研究とは区別される、あるべき社会秩序を探究する考察を指す。冷戦下のこの時期、多くの理論家（とくに自由主義陣営に属した者）は、政治の理念を語ることについて懐疑的・禁欲的な姿勢をとっていた。

しかし、戦後四半世紀を経て、『正義論』はまさしくこうした主題に取り組み、価値判断をともなう理論的考察が可能であることを手堅い論証をもって示した。裏返していえば、ロールズが思想形成を遂げたのは、分析的政治哲学や規範的政治理論とよばれる研究分野が確固とした地位を築いている現在とは、まったく異なる時代背景においてだったのである。

第二次世界大戦が勃発したとき、彼は一八歳だった。やがて大学を繰り上げ卒業し、ニューギニアやフィリピン（ルソン島）での苛烈《かれつ》な戦闘を生き延びた彼は、文字通りの「戦中派」でもあった。この従軍体験からロールズは深い影響を受けることになる。

そして、学問の道を歩むことを決めた彼の眼前には、別様にもありえたさまざまな可能性がひらかれていた。ロールズは、狭義の政治理論にとどまらず、哲学、倫理学、経済学のさまざまな知見を摂取していく。一九六〇年代アメリカの公民権運動やベトナム反戦運動が及ぼした影響も見過ごせない。これらのことは、『正義論』をはじめとする彼の著作が、同時代の文脈を意識して読まれるべきことを示唆している。

『正義論』というテクストは、もちろん、歴史的文脈から離れて、それ自体として読むことも可能である。ロールズの著作は論証を積み重ねていくスタイルをとっているからだ。つまり、ある特定の観念や用語を定義し、主張がいかなる論拠によって支持されているかを明らかにし、ある主張から別の主張がどのように導かれるかを示す、といったスタイルである。

従来のロールズ研究もそのようなアプローチを採用してきた。というより、そうせざるをえなかったという資料面での制約が大きい。時論や公論の類《たぐい》さえほとんど著さなかった――その数少ない例外として、後に紹介する原爆投下が不正だったとする論考「ヒロシマから五〇年」

がある——ため、彼の人となりは、身近な人を除いてはヴェールに包まれたままであった。

しかし、二〇一〇年以降、ハーバード大学でロールズ・アーカイブが本格的に公開されたことにともない、研究史的にも一つの画期が訪れている。これまであまり知られなかった小文やエピソードも明らかになってきた。たとえば、若きロールズが信仰の道を歩もうとしていたこと、彼は一概に大きな政府を理想としたわけではなかったこと、晩年に京都賞のオファーを受けるも「ある理由」により辞退したこと、などである。これらについては後に詳しく触れたい。

本書では、最新の研究で明らかにされたエピソードにも触れながら、ロールズの問題意識、理論の特徴、他の思想家との影響関係を浮き彫りにしてみたい。本書の主眼はあくまでロールズの残したテクストの理解にあるが、評伝的な要素が色濃い第一章と第五章をはじめ、二〇世紀の政治思想史の一端を示すものにもなるように試みた。

ロールズの重要な著作は『正義論』にとどまらない。本書では、おおむね時系列に沿って、第二の主著ともいうべき『政治的リベラリズム』、国際社会における正義の構想を示した『万民の法』についても、同様に考察を加えていく。もっとも、これらの論考のテーマも依然として「正義にかなった社会とは何か」であり、その意味でロールズは一貫して「正義の理論」に取り組み続けたともいえる。

最晩年に行われたインタビューで、ロールズは次のように述べている。

「立憲デモクラシー（constitutional democracy）が歴史的に生き残ることに、私は関心があるのです」「リベラルな立憲デモクラシーとは、すべての市民が自由かつ平等であり、基本的権利および自由を保障されている状態を確実にするものを指します」[4]。

この発言からも分かるように、ロールズはリベラルな憲法規範を備えたデモクラシーを政治理論の基点に据えた。それゆえ、『正義論』をはじめとする彼の著作は、リベラリズムだけではなくデモクラシーを擁護したものとしても読むことができる。

しかしながら近年、リベラリズムやデモクラシーに対する逆風が日に日に強まっている。ロールズの母国アメリカも例外ではない。リベラルな価値の失墜や、立憲デモクラシーの終焉《しゅうえん》を説く研究も次々と現れてきている。

だが、性急に判断を下す前に、リベラリズムや立憲デモクラシーの理念の源流をあらためてたどってみることも、けっして無駄ではあるまい。繰り返していえば、彼が描いた正義の理論は、あるべき社会秩序について語ることが自明ではなかった時代の文脈から誕生したものだった。さまざまな理念が揺らぎをみせる時代においてこそ、彼の著作の意義が浮かび上がるに違いない。

『正義論』の刊行から半世紀。格差を縮減し、価値観の多元性を擁護しうる途《みち》を真剣に探究したロールズの構想は、今も色褪《あ》せていない。むしろそれは、社会をどう再編していくかが問われている今日においてこそ、豊かなアイディアを提供してくれるように思われる。本書は、そのような問題意識に立ったうえで、正義について再考するささやかな試みである。

目次

DTP 市川真樹子

ジョン・ロールズ　社会正義の探究者

John Rawls : A Seeker of Social Justice

凡例

一、本文中、一部の著作には、略称や邦題を用いる。文献の詳細な書誌情報は巻末に記す。文献への参照は、章ごとにまとめ、巻末注として記す。

一、ロールズの著作への参照は、節番号（§）を用いて示す。

　節番号の後に「・」を挟んでさらに数字がふられている場合、節内の項番号を指す。たとえば（『再説』§13・6）は、同著の13節6項を指す。なお、『正義論』にはもともと節番号までしかふられていない。

『正義論』、『再説』、『万民の法』では、節番号が本全体を通してふられているが、その他の著作では章（講義）ごとにふり直されている。よって、これらの著作を参照する場合、章名（講義名）も併記する。たとえば（『政治的リベラリズム』講義6、§2・1）は、同著の第6講義2節1項を指す。

　論文や小文など、節番号が明確にふられていないものを参照する場合、ページ数を記す。

一、既存の邦訳を参照し、大いに助けられたが、用字用語を統一したり部分的に訳し直したところもある。

一、洋書からの引用部分には拙訳を用いた。

一、引用中の……は中略を表し、〔　〕は筆者による補足を表す。

第一章

信仰・戦争・学問

思想の形成期

ケント・スクール（高校）時代のロールズ

1921	2月21日 メリーランド州ボルティモアで誕生
1939	9月 プリンストン大学入学　第二次世界大戦勃発
1942	卒業論文『罪と信仰の意味についての簡潔な考察』
1943	1月 大学を半期繰り上げで卒業、アメリカ陸軍に入隊
1945	9月 終戦を迎え、日本の地を踏む（進駐軍の一員として4ヶ月滞在）
1946	陸軍を除隊し、プリンストン大学院に復学
1949	マーガレット・フォックスと結婚（子どもは二男二女の4人）
1950	博士論文『倫理的知の根拠についての研究』 プリンストン大学講師
1951	「倫理上の決定手続きの概要」「書評：トゥールミン『倫理学における理由の位置についての考察』」
1952	翌年までオックスフォード大学に留学
1953	コーネル大学助教授　ウィトゲンシュタイン『哲学探究』
1955	「二つのルール概念」
1958	「公正としての正義」
1959	翌年までハーバード大学客員教員
1960	マサチューセッツ工科大学教授
1961	ハート『法の概念』
1962	ハーバード大学教授
1964	アメリカで公民権法成立
1965	ジョンソン政権、ベトナム戦争に本格的介入
1967	倫理・法哲学研究会（SELF）の立ち上げに関わる

生誕

ロールズが生まれたのは一九二一年である。アメリカでは、同年の一一月からワシントン会議がひらかれ、国際的な軍縮条約が結ばれることになる。これを受けて日英同盟は解消に向かうが、ちょうど同月の日本では、原敬《はらたかし》首相の暗殺と皇太子裕仁《ひろひと》の摂政就任という出来事が続けて起こっている。第一次世界大戦の深傷《ふかで》とインフルエンザのパンデミックからの恢復《かいふく》と同時に、新たな世界への移行の兆しが見られつつあった、そのような時代である。

「狂騒の二〇年代」ともよばれるこの時期のアメリカ社会の繁栄（そして背後にある空虚さ）を描き出した文学作品に、スコット・フィッツジェラルド（一八九六～一九四〇）の『グレート・ギャッビー』がある。冒頭の書き出しは次のようなものだ。

僕がまだ年若く、心に傷を負いやすかったころ、父親がひとつ忠告を与えてくれた。その言葉について僕は、ことあるごとに考えをめぐらせてきた。

「誰かのことを批判したくなったときには、こう考えるようにするんだよ」と父は言った。「世間のすべての人が、お前のように恵まれた条件《アドバンテージス》を与えられたわけではないのだと」

（『グレート・ギャツビー』村上春樹訳、九頁）

ロールズが父親からこのように諭されたかは定かではないが、恵まれた条件のもとに生まれ、育ったことはたしかである。以下、彼の生い立ちを見ていきたい。[1]

生い立ち

父ウィリアム・リー・ロールズは弁護士事務所に勤務しながら弁護士資格を取得し、法曹の道で成功した人物だった。母アンナ・アベル・ロールズは、祖父の代で傾いたとはいえ旧家の出身である。たんに経済的に余裕があっただけではなく、両親はともに高い政治的関心をもち、当地での政治活動にもかかわりをもっていた。アッパーミドルの家庭といってよいだろう。二人のもとには五人の男児が生まれた。長男ウィリアムに続く次男として、本書の主人公ジョン（愛称はジャック）が誕生する。やがて、悲しい出来事が相次いで一家を襲う。二八年に三男ロバートがジフテリアによって、翌年四男トマスが肺炎によって、立て続けに幼い命を散らしたのだ。しかも両者の病気とも、ジョンから感染したと思《おぼ》しきものだった。結局、無事に成人できたのは五男のリチャードを含めた三人だけである。自分が一因でもある二人の弟の死は、幼いジョンに大きな衝撃を与えた。その影響は、以後、吃音《きつおん》というかたちをとって現れることになる。

それは、ひとりの少年が被《こうむ》った心的ショックの大きさを物語って余りあるものだった。幼いながらに生き残った者の苦しみ、いわゆるサバイバーズ・ギルトを感じたのかもしれない。後に見るように、これと類似した出来事――わずかな偶然性が生死を分かつこと――を、青年となったロールズはふたたび戦場で体験することになる。

少年時代

少年時代のエピソードのうち、印象的なものを紹介しておきたい。故郷ボルティモアは歴史的に黒人の多い土地柄であり、当時、人口の約四割を占めていた。彼は幼いながらに、黒人と白人をとりまく環境に大きな隔たりがあることを実感させられる。そもそも両者は通う学校からして異なっていた。さらに、ロールズに黒人の友達ができたとき、母はよい顔をしなかった。女性参政権運動に従事してきた進歩的な考えの持ち主だったにもかかわらず、である。

一家には避暑のためメイン州沿岸、ブルーヒルの別荘で夏を過ごす慣《なら》わしもあった。その地で彼は、恵まれた自分とは著しく異なった境遇におかれている人びとの存在に気づく。このような体験は、のちの正義論の基層をなす「熟慮された判断」を形作っていったと思われる。

ロールズ（左端）と両親（右端）、兄弟（中央左ウィリアム、中央右リチャード）

「われわれはいくつかの判断を固定点とみなす。リンカーンが「奴隷制が悪でなければ、悪いものは何もない」という場合のように、われわれがけっして撤回するつもりのない判断などがそうである」[2]。

自分にはどうしようもない不条理を時に感じながら、しかし、ロールズの成長はおおむね順調なものだった。彼は優等生でもあった。六年制の私立の初等科を総代として卒業した後、まずは公立の中学校に進学する。これには、地元の名士だった父ウィリアムが、ボルティモア市の教育委員会関連の名誉職に就いていたという事情も与《あずか》っていた。そうした地位にある人物が、息子を私立校に入れるのはいかがなものか、というわけである。

ウィリアムがまもなくポストを退くと、ロールズは名門私立校のケント・スクールに転入した。コネティカット州西部に位置する同校は聖公会系の男子校であった。当然ながら自宅を離れての寄宿舎生活で、ロールズは一九三五年から三九年まで、一〇代半ばから後半までの多感な時期を同校で過ごした。当時の校長は権威主義的な人物であったらしく、そうした雰囲気に覆われた学校生活は窮屈なものだったとロールズは回想している。

しかし、灰色一色の日々であったわけではない。目立たぬ存在だったと謙遜しつつも、他方で彼はさまざまなクラブ活動に参加している。野球、フットボール、ホッケー、レスリング、テニス。さらには、チェスやジャズ・オーケストラにも興じたようである。ただし、見方を変えていえば、何か一つのことに打ち込んだというわけではなかった。おそらくは勉学、さらにはスタイル一般の面でもそうだったろう。

プリンストン大学入学と世界大戦の始まり

一九三九年九月、ロールズはプリンストン大学に入学する。ここでは、彼の学生生活がいかなるものであったかを確認しておこう。[3]ケント・スクールを経ての同大への進学は兄ウィリアムと同じコースであり、特段のこだわりや決意はなかったようだ。彼は当初、芸術や建築学、あるいは化学を専攻することを考えて、いくらかの講義を履修したが、さほど関心を惹《ひ》かれなかった。最終的に選んだ専攻は哲学である。むしろ彼が力を入れたのは、フットボールやレスリング、それから学内誌編集といった課外活動であった。

同年同月はまた、ナチス・ドイツのポーランド侵攻によって、第二次世界大戦が始まったときでもある。翌四〇年には、フランスをはじめヨーロッパの多くの国々がドイツの占領下におかれる。直接には占領されなかった周辺諸国でも影響は大きかった。ソ連からの圧迫も強いものだった。後年ロールズの親しい友人・同僚となる政治理論家のジュディス・シュクラー（一九二八～九二）は、ラトヴィアのリガ生まれのユダヤ人だが、まさに第二次世界大戦によって運命を左右された一人である。一家はまずスウェーデンに逃れたが、そこも安全でないと分かり、さらなる亡命を決意する。彼女たちはシベリア鉄道を経由して日本にたどりつき、カナダへのビザをなんとか入手できた。それは四一年一二月の真珠湾攻撃が迫りくるタイミングだったという。シュクラーはこの脱出劇を奇跡的だったと回想しているが、多くの人びと（とりわけユダヤ人）は戦争や差別の残酷さ《クルーエルティ》の犠牲者となった。[4]

世界情勢は激変した。こうした「政治化の時代」のうねりを受けて、ロールズは政治や社会への興味をもつようになっていく。二年生の彼が学内誌に寄せた論説「シュペングラーの予言は現実のものとなった」は、タイトルからして、当時の関心を大きく物語っている。ドイツの特異な歴史家、オスヴァルト・シュペングラー（一八八〇～一九三六）は、よく知られた『西洋の没落』において、西洋文明の没落と血の共同体の勃興を説き、終末論的な筆致も相まって多大な影響を及ぼした。ロールズによれば、この本の出版から二〇年ほど経過した現在、ヒトラーによってシュペングラーの予言は実現しつつある。二〇歳の彼は、少なくとも現時点では、ナチスの興隆に対抗できる勢力は存在していないと結論づけた。

宗教学への関心

しかし、ロールズの政治的関心は、これ以降、政治への直截《ちょくせつ》的な関与ではなく宗教的な考察というかたちをとる。このことにも関連して、当時の学部環境に簡単に触れておきたい。近隣にプリンストン神学校があることもあって、プリンストン大学に神学部は存在しなかった。宗教学の専攻が設けられるのも一九四六年になってからである。ただしこの時期、その設置を見据えて、哲学部には宗教への学問的関心をもった教員が複数在籍していた。

代表ともいえるのが、ジョージ・F・トマス（一八九九〜一九七七）である。ロールズは宗教改革へといたるキリスト教史をテーマとしたトマスの講義を履修したが、その影響はただちに現れる。彼が発表した二本目の論説は「キリスト教と現代世界」というものだった。そこでは、「神は人格《パーソン》である」「今日の西洋社会が抱える難問はキリスト教への回帰によって解決される」という卒論の基本テーゼが萌芽《ほうが》的に記されている。また、学部の指導教員となるウォルター・ステイス（一八八六〜一九六七）とセオドア・グリーン（一八九七〜一九六九）も、宗教学が専門ではないが、宗教的事象に関心をもつ哲学者だった。のちにステイスはロールズの博士論文の主査も務めている。

キリスト教系の高校を卒業したとはいえ、大学生になるまでのロールズの宗教とのかかわりあいは、さほど深いものではなかった。だが、時代状況と学問環境がおりなす偶然が、ひとりの青年を信仰の道へと導く。

そのような下地があったところに、ウィトゲンシュタイン（一八八九〜一九五一）の薫陶《くんとう》を受けた気鋭の哲学者、ノーマン・マルコム（一九一一〜九〇）との出会いが訪れる。彼もまた同時代の社会を捉えなおそうとしており、四二年春学期の講義「社会哲学」は、悪（evil）の問題をテーマとするものだった。扱われた主な思想家は、プラトン、アウグスティヌス、ジョセフ・バトラー（一六九二〜一七五二）、ラインホールド・ニーバー（一八九二〜一九七一）であり、実質的にも宗教哲学を講じたものである。実際、これらの思想家は以下で見る卒論でも参照されることになる。

しかし、この講義が最後まで続けられることはなかった。マルコムが合衆国海軍に志願したからである。にもかかわらず、彼との出会いはロールズに強い印象を残した（後年の彼は、学部生のときもっとも影響を受けたのはマルコムの講義だと述懐している）。ロールズもまた、ごく近い将来に自分が戦争にかかわることを意識していたはずである。そのような切迫した状況下で、卒業論文『罪と信仰の意味についての簡潔な考察』は執筆され、一九四二年に提出された。

『罪と信仰の意味についての簡潔な考察』

タイトルから明らかなように、この論文は宗教的性格が強いものだ。全五章からなる『考察』は二つのパートに大別される。前半部では、「私‐物」（I‐things）と「私‐汝《なんじ》」（I‐thou）という対照的な世界把握の類型が示される。前者は、自分以外のすべてを物的対象に還元可能なものとし、そうした対象物に対する私の欲求の充足を第一に考える態度である。ロールズはこれを自然主義とよんで批判する。要するにそれは、他人をモノ扱いする考えや振る舞いのことである。

後者は、対照的に、自分以外の人間を個別の人格として承認することを要請する。こちらは人間が神の似姿《イマーゴ》を分有するゆえに可能となる態度である。神は声＝みことばをもって人によびかけ、人は聖書を読み祈ることによって応答することができる、というのがキリスト教の重要な考えをなす（人格《パーソン》の語源は「声の持ち主」でもある）。つまり人格の承認は、他者をコミュニケーション可能な存在とみなすことだ。こちらは救いの道につながるものとして最終的には肯定される。

本題をなす後半部では、罪と信仰の意味が説かれる。まず、先述の二類型（「私－物」と「私－汝」）に対応するように、「エゴイズム」と「エゴティズム」という罪が分けられる。「エゴイズムは他者、すなわち〈汝〉をたんに利用《ユーズ》するにとどまるが、エゴティズムは〈汝〉を虐げる《アビューズ》」[5]。両者を分かつのは、コミュニティ（＝人びとの交わり）の有無であり、この関係性を逆手にとって悪用する点で、エゴティズムはより罪深いものとなる。それはまた、虚栄心を満たすためのさまざまな閉鎖集団の形成にゆきつく。ロールズは、血の神話にもとづくナチズムを同時代のエゴティズムの例として挙げている。

エゴティズムの背後にあるのは、自分を誇る態度、自身の長所や利点＝メリットにうぬぼれる傲慢《プライド》である。しかし、そのような罪びとであっても、依然として神の似姿を有するゆえに、神のみことばに曝《さら》されることによって回心を遂げることができる。この一連のプロセスが信仰にほかならない。このとき重要なのは、メリットをはじめとするあらゆるものが、実は慈悲深い神によって与えられた贈物《ギフト》だという、所与性《ギブンネス》を知ることである。

このようにして、神のみことばを介して、罪びとは自分の閉鎖性を克服し、他の人格＝汝にふたたびひらかれる。そして、神と万物からなる完全なコミュニティが最終的には再建されるというヴィジョンをもって、『考察』は結ばれている。

『考察』はキリスト者としての立場から書かれたものであるが、人格間の関係性の重視、メリットのとらえ直しといった論点は、後年の政治思想の内容を先取りしていて興味深い。この論点は『正義論』での、生まれつきの資質やその発達は道徳的観点から見れば恣意的だという、重要な主張を予感させるものですらある。[6]だが同時に、ホッブズやルソーの社会契約論は批判の対象とされており、その意味では、宗教的観点から近代の超克を試みた論文ともいえる。もちろんそれは、当時の時代状況、そしてこれから戦地に赴くという意識とも無縁ではなかったはずである。

従軍体験

『考察』は九八点という高い評価を受け、四三年一月、ロールズは最優秀の成績で大学を後にする。戦争のため半期繰り上げでの卒業であった。ただちに陸軍に入隊し、第三二歩兵師団の一二八連隊に配属される。ちなみに、映画『ゴッドファーザー』シリーズの主人公、マイケル・コルレオーネは、一九二〇年生まれ、ダートマス大学を中退して海兵隊に志願したという設定であり、このときのロールズの経歴と幾分似通っている。そして、マイケルの人生が大きく変わっていったように、戦争を経て、ロールズの人生もまた少なからぬ変化を遂げることになる。

彼の連隊は太平洋戦線に投入され、ニューギニアならびにフィリピンで日本軍と戦った。その戦闘は苛烈をきわめ、身体上の負傷はもちろんのこと、兵士のなかには連日の塹壕《ざんごう》戦によって精神に失調をきたすものもいた。ロールズも、ヘルメットを脱いで小川の水を飲もうとしていたところ、危うく敵の銃弾が頭をかすめたという経験をもっている。そのため彼の頭皮には擦り傷が残ることになった。

さらに従軍中、ロールズの信仰を揺るがす三つの出来事が起こる。時系列順にたどってゆくと、第一のものは、四四年一二月、いわゆる従軍牧師が次のような説教を行ったことであった。いわく、神はアメリカ軍を日本軍の銃弾から護《まも》るだろうが、その逆に、日本軍をアメリカ軍の銃弾から護ることはないだろう、と。もちろん彼は、この説教を端的に誤っていると考えた。だが、神が全能の存在であるとすれば、戦争が生じ、斃《たお》れる者と生き延びる者が存在することもまた、神の意志の現れでなければならない。これは『考察』での慈悲深い神のイメージに再考を迫るものとなった。

第二のものは、四五年三月、ルソン島のベルデでもっとも親しかった戦友ディーコンが戦死したことであった。これには次のようないきさつがある。二人は偵察任務に応じるか、それとも野戦病院で献血するかという、二者択一の指令を受けた。血液型が必要とされていたものとたまたま一致していたため、ロールズはそちらに赴く。結果、ディーコンは偵察任務中に狙撃され死亡した。幼少時の二人の弟との死別がそうであったように、生と死を分かつものはわずかな偶然性にすぎなかった。なぜ自分ではなくディーコンが死んだのか。それはやはり、神意の観点から説明がつくものではなかった。

第三のものは、四五年四月、待機中に見た記録映画によって、ナチスによるホロコーストの実態を知ったことであった。あえていえば、戦争によっては、それをより高次の神意の現れとして解釈可能であるかもしれない。たとえばリンカーンは、第二次大統領就任演説において、南北戦争を奴隷制という罪に対する罰として位置づけ、それを糧《かて》としてより正義にかなった社会を建設すべきことを説いた（本書第五章）。だが、ホロコーストという巨悪はそうした解釈を許すものではない。それをもなお贖《あがな》いとみなすとすれば、そのような出来事を意志した神への祈りは著しく困難なものとなる。少なくともロールズにとってはそうであった。

終戦とヒロシマ

それからしばらくして、この苛烈な戦闘も終わりを迎える。だがそれは八月一五日ではなかった。山下奉文《ともゆき》が率いる部隊はいまだ降伏せず、ジャングルに潜伏を続けていたからだ。ロールズは山下を連行する任務に自発的に従事し、九月になって彼にとっての戦争は一応の終結を迎えた。極度の緊張と危険を強いられたであろうこのあいだの消息について、ロールズは何も語ってはいない。ただし、同様の体験をしたと思われる日本軍のひとりの青年が、この出来事に関連する述懐をしている。戦後、独自の保守的観点からの社会評論で有名となる、山本七平《しちへい》（一九二一〜九一）の体験談である。[7]奇《く》しくも彼はロールズと同年の生まれであり、同じくキリスト教信仰を抱き、大学（青山学院専門部）を繰り上げ卒業して戦場に臨んでいた。

山本によれば、満身創痍《まんしんそうい》となってルソン島のジャングルに潜んでいた彼らが米軍にみつかり、投降を受け入れたのは八月の終わり近くのことであった。ジャングルから米軍がいる村までの一キロほどの距離を、彼はそれまで感じたことのないほどの恐怖を覚えながら歩いたという。無論、実際はそうした危険はなかったのだが、このとき山本はいつ殺されてもおかしくないと感じていた。まさにホッブズがいう意味での、恐怖と不信がおりなす戦争状態におかれていたのである。[8]

村に到着すると、英語が話せたこともあり、山本は交渉役に選ばれる。つい先日まで射ち合っていた相手と、勝者と敗者として対峙しなければならない。どのような要求をされるのだろうか。あるいは裁きが下されるのか。彼の緊張感は頂点に達する。一分が一時間にも感じられるなか、やがてひとりのアメリカ軍将校がやってきてこう告げた。「私は軍医だ。歩けない重病人は何人いるか。それを無事に収容するには、われわれはどうすればよいか」。この瞬間、山本は平和が訪れたことを理解し、全身の力が抜けたという。

山本はこの将校に「平和ならしむる者」（『マタイによる福音書』五章九節）を見た。「その人の名は知らない。また生涯二度とその人に会うこともないであろう。またその人がどういう人なのか、簡単にいえば善人なのか悪人なのか私は知らない。／しかしその人のその瞬間の顔を私は終生忘れ得ない」。もしかすると、このあいだ、山本とロールズがすれ違うくらいのことはあったのかもしれない。だが、二人の青年の信仰の行く末は鋭く分岐する。山本が戦争を経てなお神の存在を実感できたのに対して、ロールズは次第に神への祈りを捧げることに違和感を覚えるようになった。

南方戦線から引き揚げたロールズは、占領軍の一員として日本に上陸する。その途上では原子爆弾の傷跡がいまだ生々しい広島を通過することになる。戦後日本を代表する知識人の丸山眞男《まさお》（一九一四〜九六）は、任地先の広島で被爆するのだが、終戦直後の風景を後年回顧してこう述べている。「船舶司令部は宇品《うじな》にあります。宇品から広島駅は一望のもとです。原爆のあとですから、ぜんぶ焼け跡です。道もへったくれもありゃしない」[9]。丸山もまた、戦後、本業の政治思想史研究にとどまらず、リベラルな社会のあり方について深く考察することになる。

汽車の窓越しにではあれ、眼前に広がる凄惨《せいさん》な風景は若きロールズに大きな衝撃を与えたはずだ。彼にとってホロコーストとヒロシマは、たんに戦争がもたらした悪というだけでは説明のつかない、歴史上にも未曽有《みぞう》の巨悪にほかならない。これらを神の裁きとみなすことは、もはやロールズにはできなかった。ヒロシマというグラウンド・ゼロは、いわば彼の原風景の一つとなる。第五章で見るように、五〇年の時を経てこの体験はふたたびよみがえる。

　こうして彼の戦争は終わった。出征前は聖職者になることを考えていたロールズであったが、信仰に疑いを覚えるようになっていた彼はその道を断念した。軍に残って出世する道も残されていたが、すっかり軍隊嫌いになっていたため、その申し出を受けることもなかった。退役した彼が選んだのは学問の道である。この選択が、やがて大きな実を結ぶことになる。

丸山眞男

大学院への復学と倫理学の研究

プリンストンの大学院に復学したロールズは、倫理学の研究をスタートする。二〇世紀半ばの当時、英米圏の倫理学での有力説は情動主義（emotivism）であった。この説によれば、道徳判断の正体は話者の感情を表すものだとされる。「ウソをつくのは悪いことだ」という主張は、普通に読めば、「客観的に見てウソをつくのは悪い」という判断を下すもののように思われる。しかし情動主義によるなら、この主張はたんに、発言した人がウソを嫌っており、聞き手にも同じ感情を共有させようと試みるものにすぎない。この見方からすると、「ウソをつくのは悪いことだ／悪いことではない」という対立する道徳判断のどちらが正しいのか、という問いはさほど意味をなさない。それらはともに、話し手の情動を表出する点で、かたちのうえでは同じなのだから。

情動主義はある意味で洗練されているかもしれないが、倫理学としては相当に不自然なところがある。それは私たちがもっているはずの常識について何も語ってはくれない。ウソの善し悪しすら判断できない理論、あるいはすべてを話し手の好みに帰すような理論は、不毛な相対主義に陥りがちである。情動主義を意識して書かれたものではないが、丸山眞男もこうした考えの難点を明確に指摘している。いわく、「コーヒーがすきだという主張」と「紅茶がすきだという主張」とのあいだには、コーヒーと紅茶の優劣についてのディスカッションが成立する余地はない。論争がしばしば無意味で不毛なのは、論争者がもっともらしいレトリックを用いて、自己の嗜好《しこう》を相互にぶつけ合っているだけなのだから、と。[10]

ロールズの目的もまた、このような潮流に抗《あらが》うことであった。『考察』での人格《パーソン》の相互承認という考えは、神学から倫理学にかたちを変えて引き継がれる。この研究はまた、情動主義に先立って影響力をもっていた、倫理学上の直観主義（intuitionism）――客観的な道徳の存在を認めるが、それは直観的に理解するしかないとする説――とも異なる立場を目指すものであった。このタイプの直観主義においては、人びとのコミュニケーションは重要なものではなくなってしまうからである。

人びとがもつ健全な常識やコミュニケーション能力の延長線上に、客観的な道徳を位置づけられるような倫理学。ロールズが目指したものはそれだった。大学院に復学して間もない彼が掲げた研究プログラムが「科学《サイエンス》としての倫理学」である。[11] このスタンスは、以後、道徳理論のみならず政治理論にも通じる、ロールズの基本的な理論的枠組みとなっていく。「科学としての倫理学」は人びとのあいだで有意なコミュニケーションの蓄積が可能だと想定しており、やがてそれは、立憲デモクラシーの擁護にもつながる。ちなみにこの目標は、ほぼ同時期に書かれた丸山の「科学としての政治学」と、字面のみならず問題意識でも通じるところがあって興味深い。[12]

学問的交流

学問的研鑽《けんさん》は、周囲の人びととの交流のなかで深められていった。ロールズは早速、四六年の春学期にマルコムの講義を受講している。彼もまた四二年に大学をいったん辞して海軍に勤めていた。戦争を挟んでのしばらくぶりの再会である。だが彼は、年度の途中からケンブリッジで過ごし、師であるウィトゲンシュタインと多くの時間をともにすることになる。[13] 翌年の春、マルコムは合衆国に戻るが、彼はコーネル大学に移籍した。そうした事情も与ってか、ロールズもまたコーネルに一年間の留学を決意する。そこで彼は、同じくウィトゲンシュタインの教え子である、マックス・ブラック（一九〇九〜八八）に触発され視野を深める。その成果はやがて「反照的均衡」という方法論として結実することになる[14]（この方法論については第二章で詳しく見ていきたい）。

ちなみにロールズが留学中の四八年、フランスの著名な神学者ジャック・マリタン（一八八二～一九七三）が哲学部に着任している。彼は、同年に起草された世界人権宣言に尽力したことでも知られている。ロールズの教え子のひとり、現代を代表する哲学者のマーサ・ヌスバウム（一九四七～）は、マリタンの思想を政治的リベラリズム（本書第三章）のさきがけをなすものとして高く評価している[15]。もっとも、マリタンは定年を迎える五二年までプリンストンで教鞭をとったが、宗教に距離をおくようになったロールズにはさして影響を与えなかったようだ。

「倫理上の決定手続きの概要」

五〇年二月、博士論文『倫理的知の根拠についての研究』は無事学位を授与された。ここでは、翌年に公刊された要約版ともいえるデビュー論文「倫理上の決定手続きの概要」を中心に、内容を簡単に見ておきたい。この決定手続きというのは、妥当な倫理を導く合理的な手続きのことである。ただしそれは、端的に自明とされる道徳的な考えや原理による基礎づけというかたちをとるものではない。むしろ彼は、帰納の側面に着目し、科学とのアナロジーで倫理学をとらえようとする。

科学的知識についてそれが客観的であるということは、そこで述べられている命題が理にかない信頼できる方法によって、すなわち私たちが「帰納論理」とよぶもののルールと手続きによって、真であると立証されうるということである。それと同様にして、道徳的ルールならびにそれにもとづく決定が客観的であると確証するためには、少なくともいくつかの事例において、道徳的ルールとそこから帰結する行為指針とのあいだで決定を下すための、理にかない信頼できることが示されうる、決定手続きを私たちは提示しなければならない。

（「倫理上の決定手続きの概要」二五六頁）

やや難しい言い回しだが、こういうことである。適切な訓練を受けきちんとした技能を身につけた科学者たちは、観察から得られた基礎的データを元手に、ある知識が妥当なものであるかを一つひとつテストする。この繰り返しによって科学的知識の客観性はたしかなものとされる。帰納とは、このようにして、個々の具体的な事柄から一般的な法則を導く方法のことである。

科学と同様のやり方が倫理学にも当てはまるはずだとロールズは考える。この場合、科学者は「適格な道徳的判断者」に、基礎的データは「熟慮された道徳的判断」に、それぞれなぞらえることができる。これは、理想的な状況において下され、反省を経てなお妥当性が認められるような判断であり、『正義論』でも正当化の基底に据えられるものとなる。たとえば、「奴隷制は容認されるものではない」「特段の理由がないのにウソをついてはいけない」「苦しんでいる人は優先して助けられなければならない」といった判断は、それに該当するといえる。

だが、これらの判断には依然として不明瞭なところがある。たとえば、前段落の最後二つの判断の相性は必ずしもよくない。ある人が明らかに怠惰で不摂生な暮らしの結果、苦しい状態に陥ったと想定してみよう。このとき、この人はどう処遇されるべきだろうか。求められる「倫理上の決定手続き」は、こうした一見難しい問いにも見通しを与えられるものでなければならない。そのためには、さまざまな熟慮された道徳的判断を相互に照らし合わせ、整合させる必要がある。科学的検証に相当するこのプロセスは「解明《エクスプリケーション》」とよばれる。

人びとが一般に抱いている健全な常識から出発し、さらにそれらを共有可能な枠組みを用いて一つひとつ分節化していくこと。簡単にいえば、ロールズの倫理学はそのことに尽きる。これは、よくいえば穏当な、悪くいえばあいまいな倫理学である。ただし、情動主義の隆盛という文脈からすれば、逆説的に、この穏当さ＝あいまいさこそが挑戦的だったともいえるだろう。

かりに科学と倫理学のアナロジーが妥当だと認めたとしても、前者における基礎的データと後者における道徳的判断の客観性の程度が異なることは疑うべくもない。彼もそのことは意識しており、以後、ここでいわれる「熟慮された道徳的判断」や「解明」には修正が加えられていく。そのことについては都度触れていきたい。ともあれ、熟慮された判断を基盤とする思考は、これ以降もロールズの道徳・政治理論の一貫した特徴であり続けるのである。

結婚

院生時代、ロールズの身辺にもさまざまな変化が訪れた。一九四六年夏、健康を崩していた父が入院し、時をおかずに亡くなった。成功した弁護士であったが、遺産は慎《つつ》ましいものだったという。大学院復学も復員兵援護法（GI Bill）の助けを借りてのことであった。

だが、別れもあれば出会いもある。四八年の暮れ、ボルティモアに帰省したロールズは、友人夫婦による正月祝いのパーティーに参加した。そこで彼は、マーガレット・フォックス（一九二七〜）と出会う。六歳年少の彼女は、ブラウン大学のペンブローク・カレッジで芸術を学ぶ学部生であった。

マーガレット（愛称はマーディ）によるロールズの第一印象は次のようなものだった。とてもハンサムでスタイルもいい。でも、ダンスは下手で喋りはぎこちない。さらにいえば、当時の彼は将来の見通しの立っていない一介の院生であった。ともあれ、芸術という共通の話題もあり、意気投合した両者は二度のデートの約束を交わす。その際マーガレットはロールズのさまざまな魅力に気づく。そのなかには精妙なユーモア感覚も含まれていた。こうして両者は、一目惚れならぬ三目惚れの恋に落ちる。そこから話は急速にすすみ、三月に婚約すると、マーガレットの卒業を待って、四九年六月、二人は式を挙げた。

二人の最初の共同作業は、プリンストン大学出版会から翌年公刊される、ウォルター・カウ

マーガレット（左端）、4人の子どもたちとともに
photo courtesy of Thomas Pogge

フマン（一九二一〜八〇）著『ニーチェ——哲学者・心理学者・反キリスト者』の索引作りである。[16] ロールズと同年生まれのカウフマンは、ハーバードで学位を取得し、四七年にプリンストンに着任したところであった。彼はまた、ロールズの博士論文の副査も務めている。ニーチェ思想をナチズムから切り離し、彼のソクラテス的な対話の精神を強調する本書は、賛否両論をともないつつも英米圏のニーチェ研究史に名を残すものとなる。若い二人にとって、新婚の夏を費やしたこの仕事は生活費の助けともなった。

マーガレットは自分でも絵筆をとった。その腕前はかなりのもので、彼女に感化されてロールズもまた絵を描いた。ただし芸術上の好みには違いもあり、とりわけ互いの作品については尊重ゆえに批評しないという紳士協定が、ほどなく二人のあいだには結ばれることになる。このように、新生活はさまざまな新しいものをロールズにもたらした。少年期以来の吃音も、結婚後、随分と改善したようである。

五〇年二月、博士号を取得したロールズにもう一つのよい知らせが訪れる。マーガレットが妊娠していることが判明したのだ。そして一一月、無事に長女アンが誕生する。長じてエスノメソドロジーの分野で有名な研究者となる彼女をはじめとして、二人は二男二女の子宝に恵まれた。マーガレットは熱心なカトリック信徒であり、子どもたちを連れて足繁《しげ》く教会に通った。ロールズもまた、その教義には留保をつけていたが、ともに教会を訪れることもあったようだ。

オックスフォード留学

ロールズは大学に残り、講師として教えはじめていた。このころ、J・O・アームソン（一九一五〜二〇一二）がプリンストンを訪れた。彼はオックスフォードの哲学者で、アリストテレスと分析哲学の研究で有名である。ロールズが分析哲学の新潮流に関心をもっている様子を見てとると、アームソンは、フルブライト奨学金を利用してオックスフォードに留学するようしきりに促した。ロールズはその誘いに応じ、申請も無事通った。

ただしこれは、ある種の覚悟を迫るものでもあった。というのも、プリンストンからは、五二〜五三年度の教職のオファーを受けていたからである。だが、若きロールズの学問的情熱が選ばせたのは、もちろんオックスフォード行きであった。そしてこの留学は、ロールズのキャリアに決定的な影響を及ぼすことになる。もしこのとき、プリンストンがテニュア（終身在職権）をオファーしていたとしたら、あるいは『正義論』が書かれることはなかったかもしれない。

この時期のオックスフォード周辺には、以下のような多彩な哲学者が集っていた。ギルバート・ライル（一九〇〇〜七六）、H・L・A・ハート（一九〇七〜九二）、アイザイア・バーリン（一九〇九〜九七）、ジョン・L・オースティン（一九一一〜六〇）、スチュアート・ハンプシャー（一九一四〜二〇〇四）、エリザベス・アンスコム（一九一九〜二〇〇一）、リチャード・ヘア（一九一九〜二〇〇二）、ピーター・ストローソン（一九一九〜二〇〇六）、フィリッパ・フット（一九二〇〜二〇一〇）。彼らは、形而上学的《けいじじょうがく》深遠さを退け、（日常）言語の使用に着目するというプログラムを共有しつつも、その内部でさまざまな理論的対立を抱えていた。時にそれはスキャンダラスな人間関係をも伴っていた。要するに、当時のオックスフォード哲学は盛期を迎えていたのである。

政治思想にも造詣の深いハート、バーリン、ハンプシャーの三人からはとくに多くのことを教わったとロールズは回想している（興味深いことに、彼らはみな銃後で軍務に携わった経験をもつ）。すでに彼は、狭義の倫理学にとどまらず、経済学やアメリカ憲政史の勉強を院生時代から開始していたが、三人との出会いはそうした社会哲学への関心を開花させるものとなった。

哲学的な対話を交わしながら散策する仲となったバーリンからは、ヘーゲル、ゲルツェン、ヘルダー、ハーマン、ヴィーコを読むように勧められ、実際ロールズは彼らの著作をオックスフォードの本屋で購入したようである。さらにバーリンとハンプシャーは、リベラルな立憲デモクラシーに必ずしも限定されない、多種多様な社会における自由な制度の正当化や寛容の問題を考えるように助言したという。こうしたアドバイスは数十年を経て、『政治的リベラリズム』や『万民の法』に活かされることになる。

ハートの講義からもロールズは大きな影響を受けた。このときの講義内容はのちに『法の概念』として結実するものであった。ハートとの親交も生涯にわたって続くことになる。そのなかには、本書第三章で見るように、『正義論』についての鋭い建設的批判をめぐるやり取りも含まれる。またこのときの両者は、後期ウィトゲンシュタイン哲学に強くインスパイアされていたことでも共通していた。ここからは、ロールズのウィトゲンシュタイン受容に焦点を合わせつつ、以降の学問的進捗《しんちょく》を見ていきたい。

コーネル大学時代——ウィトゲンシュタイン『哲学探究』からの影響

オックスフォードから帰国すると、一九五三年、ロールズは院生時代の留学先でもあったコーネル大学に助教授として迎えられる（五六年に准教授昇進）。この時期のコーネルの哲学部はウィトゲンシュタインの強い影響下にあった。マルコムやブラックをはじめ、彼のフォロワーを多数擁するコーネルは、さながら大西洋を隔てた伝道の地であった。四九年の秋、コーネルでの研究会に見知らぬ痩せぎすの男が姿を現したが、ブラックが彼に「ウィトゲンシュタイン教授」と話しかけると、学生からは畏怖に満ちたどよめきの声があがったという[17]。

面識こそなかったものの、このときのロールズはウィトゲンシュタインの学統に連なる存在

ルートウィッヒ・ウィトゲンシュタイン

だったといってよい。オックスフォード留学時には、高弟であるアンスコムの講義にも出席している。彼女の英訳・編纂《へんさん》によって出版されたばかりの『哲学探究』（以下『探究』と略記）に取り組むには、コーネルはこれ以上ない環境だった。[18]ロールズは特技を活かし、手製の索引を作成したうえで『探究』の読解に励んだという。[19]

家族的類似性、ルールに従うとはいかなることか、私的言語の不可能性などといった数々の論点を提起した『探究』の中心にあるのは、言語ゲーム（language-game; Sprachspiel）という考えである。これによれば、ある言葉や文章の意味はそれ単体としては完結しておらず、つねに用いられた文脈に応じて定められる。たとえば、私が「水！」と叫んだとき、場合によってそれは、クイズへの回答、店員への注文、何らかのジョークを意味しうる。つまり、言語とは世界の事態とあらかじめ精確に対応する符牒《ふちょう》のようなものではなく、その使用を通じて自《おの》ずと意味や解釈が定まるものなのだ。その本質は子どもが即興で遊ぶようなゲームに近い。

当時のウィトゲンシュタインの影響力は絶大なものだった。そうしたなかから現れたひとりに、スティーブン・トゥールミン（一九二二～二〇〇九）がいる。彼は、ウィトゲンシュタインの教えを受けながらケンブリッジ大学で博士論文を仕上げ、一九五〇年に『倫理学における理由の位置についての考察』として公刊した。本書は倫理学における理由《リーズン》の重要性・独自性に着目した画期的研究であり、ロールズも力のこもった書評を寄せている。

トゥールミン書評

書評は留学前に書かれたものなので時が多少前後するが、ロールズの重要な仕事の一つであるため触れておきたい。まずロールズは、トゥールミンの試みを高く評価した。倫理学における「理由」への注目は、演繹《えんえき》的推論や帰納的推論とは区別される、道徳的推論に固有の意義をとらえることを可能にした。

単純化していえば、ある二つの情報や主張に関して、帰納は蓋然性（Aならば高い確率でBが生じる）に、演繹は因果性（Aならば必ずBが生じる）に注目する。たとえば、「大量のお酒を長年飲み続けると、肝硬変になりやすい」というのは帰納的推論、「適切な治療を受けなければ、肝硬変の人はまもなく命を落とす」というのは演繹的推論だといえる。

ただし、この二つの推論は正しいとしても、AとBがなぜそのように結びつくのか、あるいはAとBの関係についていかに評価すべきなのかについては語っていない。そこでトゥールミンは両者をつなぐ論拠に目を向ける。肝硬変になるのは大量のアルコールやそれを分解する作業が肝臓に負担を強いるから、というのは妥当な理由づけだが、お酒を飲みすぎると悪魔を引き寄せるから、という理由づけは妥当ではない。これは事実判断にかかわるものだが、価値判断についてもそれを支える論拠は重要である。肝硬変の患者には、時に緊急入院の措置がとられるが、それは、救える命を落とすのは望ましくないことであり、人によっては依存症のため判断能力が低下している可能性があるといった理由にもとづいている。

トゥールミンからすれば、因果性や蓋然性というよりも、それを下支えする理由の説得力こそが妥当な道徳的推論とそうでない推論を区別する。彼はこうした論証の捉え方を発展させ、「トゥールミン・モデル」とよばれる図式を作り上げた。彼の試みは情動主義への批判というプロジェクトをロールズと共有しつつ、さらにすすんだ見地を示すものであった。

しかし同時に、ロールズはそこでいわれる適切な理由づけのあり方に異議を唱える。トゥールミンによるなら、個別のケースにおける特定の行為の正しさは、それが既存の社会的ルールと適合しているかどうかによって基本的には判定される。これは明らかに言語ゲーム的な考えである。だが、ロールズによれば、理由とは「適格な人物がそれを反省的《リフレクティブ》にとらえるとき」実感されるであろう考慮にほかならない[20]。つまり理由の妥当性は、当該の社会的実践をあるがままに受け入れることと等しくはない。重要なのは、私たちが熟慮したうえでその妥当性を認められるかどうかである。

トゥールミンも既存の社会的実践《プラクティス》を変更できること自体は認めている。彼によれば、現行の実践を維持する場合と変更する場合を比較し、もし後者の帰結のほうが望ましいとすれば、その変更には妥当な理由が存在することになる。これは功利主義（帰結主義）による正当化といえよう。だがこれに対して、ロールズは次の批判を提起している。「主要な問いはこうなる。帰結への訴えかけは、社会的実践の価値についての推論に含まれる唯一の原理なのだろうか」[21]。つまり彼は、理由の妥当性を下支えするさまざまな考慮事項を検討する必要があると論じているのである。帰結が重要なのは間違いないが、ルールや制度の妥当性はそれに尽きるものではない。

「二つのルール概念」

もっとも、この時期のロールズは基本的には功利主義を支持している。出世作となった論文「二つのルール概念」の目的の一つは、特定のタイプの功利主義の擁護であった。彼は刑罰を例にとって、功利主義にしばしば寄せられる論難の誤解を正そうと試みている。

批判は次のようなものだ。応報論――刑罰の本質は犯した罪への報いだとする説――からすれば、バランスを著しく欠いた刑罰は認められるべきではない。だが功利主義は、見せしめとなり多くの潜在的犯罪を結果として予防するのであれば、過度の刑罰を正当化してしまうのではないか。万引き犯の一〇〇人からひとりをランダムで選び、死刑にするという刑罰のことを考えてみよう。実施されれば万引きは大きく減るかもしれないが、これは明らかに行き過ぎた不正なものだ。

ロールズは、「特定個人に対する単独の刑罰の正当化」と「刑罰という制度自体の正当化」

を区別しなければならないと述べる。そして功利主義が関連すべきなのは後者だとする。「個々の行為に権限を与えるべき制度そのものに、功利主義原理を注意深く適用する場合には、功利主義原理があまりにも多くの事柄を正当化してしまうという危険はより少なくなる」[22]（強調は原著）。つまり、前者のような個別事例に功利主義を直接適用することは、カテゴリー・ミステイクなのだ。そうではなく、個々の事例を意味づける制度やルールの評価に対してこそ、功利主義は有効なものとなる。

これは行為功利主義と対比して規則功利主義とよばれる立場だが、このように考えるなら先述の批判を退けることができる。たしかに過度の刑罰は一定の効果をもつかもしれない。しかし、そうした恣意的な刑罰が一般化すると、法の安定性は傷つけられ、恐怖政治が出現するだろう。よって規則功利主義は、制度としての刑罰の適切な実行を支持するのである。「二つのルール概念」でふまえられている、個々の行為の意味は実践や制度によって定まるという見解は、やはり『探究』から影響を受けたものだ。ただし、彼は論文の最後に重要な留保を付けている。少し長めになるが引用したい。

私が〈ある実践の正当化〉と〈その実践に該当する個別的行為の正当化〉とを区別していることは、それがある種の保守主義を導くという点で、人びとを特定の社会的・政治的態度にひきこむと考えられるかもしれない。各人にとってはその社会の社会的実践が彼らの行為を正当化する基準を与えており、それゆえ各人がその実践に従っていればその行為は正当化されるであろうと私がいっているように思われるかもしれないということである。
この解釈は完全に誤っている。……本論文の要点は、ある行為の形式がある実践によって定められたものである場合、その実践を引き合いに出す以外には、特定個人の個別的行為を正当化する方法はほかにないということであるにすぎない。

（「二つのルール概念」三二三頁）

この覚え書きは、先に見たトゥールミン批判と連続したものだと考えられる。後期ウィトゲンシュタインを社会理論に応用する試みは、しばしば既存の実践をあるがままに正当化する傾向をもつが、ロールズはそのような保守主義をここでも批判している。また、功利主義を個別行為ではなく実践や制度の正当化基準としてとらえることが有効だという主張は、功利主義への全面的支持を意味しない。なぜなら、実践や制度の評価基準は帰結に限定される必要はないからである。

このような、個別の行為や事態というよりも制度に着目し、しかも功利主義的な基準以外の理由づけを求める試みは、以後のロールズにとって重要なプログラムとなっていく。

生活形式としての道徳的感情――正義の自然的基礎

『探究』からの影響は以上にとどまらない。ロールズが関心をもったのは、言語ゲームはある意味で定まったルールをもたないにもかかわらず、大抵の場合、ゲームは問題なく進行するという事実であった。これに関連するのが、ウィトゲンシュタインの生活形式（form of life; Lebensform）という考えである。たとえば、店頭でリンゴを指差して「五つ」といえば（もしくは五本の指をひらいて示せば）、店員は五個のリンゴを売ってくれるだろう。あるいは、膝を擦りむいて泣いている子どもを見かけたとき、私たちはその子が快楽ではなく苦痛を感じていることを理解できる。これらはいずれも、私たちの生活形式が一致している――私たちが端的にそう振る舞っている――ゆえに可能となっているのである[23]。

これは、博士論文以来のロールズの問題関心と符合するものであった。そこでは、適格な道徳的判断者が下す熟慮された道徳的判断が、科学における基礎的データのようなものとされていた。だが、なぜそうした判断が一致するのか。いかに熟慮されたものであれ、それはおぼろげなものにとどまるのではないか。道徳的判断が食い違うことは、実際、私たちにとってなじみ深いことですらあるだろう。

こうした予想される批判に対して、彼は「人間一般の〈生活形式〉なるものが存在する」という、後期ウィトゲンシュタイン的な考えから応じようと試みる。すなわち、説得力ある道徳原理の導出という限定された目的からすると、大多数の人びとの道徳的判断がその生活形式において一致しているなら、ロールズの議論にとってはそれで十分なのだ。人びとの生活形式の違いではなく共通点を強調するのが、彼のウィトゲンシュタイン解釈の特徴である。

そこでロールズは、道徳的判断の基礎をなすべき感情の分析に取り組む。とくに注目したのは、複数の人格間において示される感情、言い換えれば他者への適切な反応にかかわる感情である（ここには『考察』とのつながりを見てとることができる）。さらに、そのような感情は正義の自然的基礎（natural basis）をなすものでなければならない。つまりここでは、時代や文化によって相対的なものではなく、人間であれば普遍的にもつ感情に焦点が合わせられている。もしそのような道徳的感情の普遍性に説得力があるとしたら、熟慮された道徳的判断の妥当性をよりたしかなものとすることができるからだ。

基準の共有と内的視点

コーネル時代の終わりに書かれた論文「公正としての正義」（Justice as Fairness）にも右の論点は盛り込まれている。後でも見るように本論文は『正義論』のさきがけをなす重要な論文だが、そこでは同情という感情を例にとってこう述べられている。

特別の説明がない場合には、苦しんでいる人を助けるか否かが、苦しみを認めているか否かの基準《クライテリオン》であるのと同様に、フェアプレーの義務を承認することは、他人を自分と同じような利害や感情をもった人として認めているか否かを識別する基準の必須部分なのである。……他人が苦しんでいると認めることは、同情的行動のなかに現れる。この同情という原始的な自然的反応こそ、さまざまの形態の道徳的行為の基礎をなす反応の一つなのである。

（「公正としての正義」五二頁）

この「基準」という用語もウィトゲンシュタインに由来する。簡単にいえば、私たちの生活形式が一致している場合、基準は共有されていることになる。逆にいえば、基準が共有されていない場合、生活形式は一致しておらず、言葉を交わすことができたとしても言語ゲーム（コミュニケーション）は成立しない。ウィトゲンシュタインはこのことを巧みに言い表している。「かりにライオンが話すことができたとしても、我々には、ライオンが理解できないだろう」[24]。

基準の考えに同じく影響を受けたハートの『法の概念』[25]では、その有無に応じて、内的視点と外的視点という二つの観点が区別されている。基準を共有しない外的視点とは異邦人や観察者のような視点のことである。車の存在を知らない人が今の社会にやってきたとしよう。やがて彼は、車輪のついた機械が赤い灯の前で止まるルールを発見する。ただしそれは、雨雲がくれば夕立が降ると同様の、目に見える外的なしるしだけから成り立つルールにすぎない。彼は、車がどのように止まるのかは分かったのだが、なぜ止まるのかまでは理解していない。

それとは対照的に、基準を共有する内的視点とは、従うべき生活形式を共有しているメンバーや当事者の視点のことである。赤信号で停止する運転手は、交通安全のために欠かせないという理由にもとづいて、このルールを受け入れ、それに従っている。つまり、内的視点から理解されたルールの場合、たんに振る舞いのみならず基準までもが共有されている。それゆえ、ルール違反が起こったとすれば、それは非難や弁明の対象ともなる。

ウィトゲンシュタインやハートから影響を受けたロールズは、正義のルールを明らかに内的視点から論じようとしている。この考えからすると、正義のルールに従うとは、目に見える行動や振る舞いが一致することにとどまらず、それを下支えする道徳的感情や判断、そして理由づけの共有をも意味する。これらの基準を共有してはじめて、人びとは正義の外的視点ではなく内的視点に立つことができる。

ロールズの正義論では人びとが「正義感覚」(sense of justice) をもつことは前提とされる。逆にいえば、人びとの道徳感情や理由づけから切り離されたような純粋な正義原理の考察は、そもそも彼の問いではなかった。こうして生活形式の考えによって深められた道徳心理学は、『正義論』第三部に見られるように、ロールズが一貫して関心を寄せるテーマとなっていく。

経済学の受容

ここまでは主に倫理学に注目してきたが、それ以外の学問的影響もたどってみよう。具体的には、経済学、制度論、社会契約論という三点を、『正義論』以前の彼がどのように受容したのかを順に見ていきたい。

経済学への関心はプリンストンでの院生・講師時代にさかのぼる。ちょうどこのとき、ウィリアム・ボーモル（一九二二〜二〇一七）が赴任してきた。彼は環境税を提唱したことでも知られている。ゼミでは、ジョン・ヒックス（一九〇四〜八九）の『価値と資本』や、ポール・サミュエルソン（一九一五〜二〇〇九）の『経済分析の基礎』を学んだようである。彼らはみなケインズ学派であったが、ロールズはケインズ経済学にとどまらず勉強をすすめていく。

とりわけ彼が刺激を受けたのは、ハンガリー出身の数学者ジョン・フォン・ノイマン（一九〇三〜五七）とドイツ出身の経済学者オスカー・モルゲンシュテルン（一九〇二〜七七）の共著『ゲームの理論と経済行動』、そしてフランク・ナイト（一八八五〜一九七二）の『競争の倫理』だった。ナイトも経済学者でいわゆるシカゴ学派の創始者のひとりだが、市場原理主義を標榜《ひょうぼう》する弟子のミルトン・フリードマン（一九一二〜二〇〇六）とは異なり、市場が本来の機能を果たすためには倫理の裏づけが必要だと説いた。

ナイトは独自の社会哲学のヴィジョンをもち、その中心には討議《ディスカッション》＝理にかなったコミュニケーションを組織化するというアイディアがあった。[26]ロールズは、このような勉強から原初状態論を着想したと、定年退職時のインタビューで応えている。

こうした経済学への取り組みの結果、それに博論で書いた道徳理論の内容を加えたもの、これらのことから、一九五〇年から五一年にかけて、のちに原初状態に結実するアイディアをどうにかして――いかなる仕方でとは訊《き》かないでください――私は得るにいたったのです。理にかなった正義の原理が導かれるような討議の組成・条件をデザインすること。アイディアはそのようなものでした。当時の私は最終的に提案したものよりもさらに複雑な手続きを考えていたのですが。

（「インタビュー」三九頁）

理にかなった原理を導く手続きの探求は博士論文の主題であったが、この時期の彼は、そうした手続きの対象を、倫理学をこえて考察しようとしていた。そしてここでも「ゲーム」は重要な着想源となる。[27] ロールズにとってあるべき社会とは、個人をこえた有機体や、個人をパーツとする機械ではなく、「公正なゲーム」とのアナロジーでとらえられる。審判が依怙贔屓《えこひいき》をすることや競技場のトラックのレーンの違いで有利不利があってはならないように、各人に自己実現のチャンスを公正な仕方で与える場合、社会は理にかなったものになる。この考えが彼の制度論の基調をなす。

『正義論』のイメージからは意外かもしれないが、ナイトたちから影響を受けたロールズは市場メカニズムを重視する立場から出発した。このことは冷戦という時代背景とも無関係ではない。当時はあるべき社会秩序をめぐる前提として、東側の集産主義《コレクティビズム》（社会主義）と西側の自由主義（資本主義）という対立があった。簡単にいえば、市場に対する政府のコントロールのあり方や是非をめぐるものである。

そして彼は、この時点では、肥大化した政府による自由の抑圧をデモクラシーの敵とみなしていた。ソ連をはじめとする社会主義諸国の大半は、効率的な経済発展と財の平等な配分のために計画経済を実行した。そこでは政府が市場を全面的に統制する。しかしこの試みは、目標を達成するどころか、過度の官僚制支配を招いてしまう。一方、市場メカニズムがある社会では自己実現のチャンスはたしかに向上する。たとえば商品を自由に売買できる。あるいは職業選択の自由がある。そのかぎりで資本主義は公正なゲームの味方だといえる。

ハイエクとロールズ

しかし、まったくコントロールされない市場メカニズムは、勝者と敗者、つまり富者と貧者の格差を増大させ、不公正な状態をもたらしてしまう。それゆえ、公正なゲームとしての社会は、政府による一定の規制を必要とする。すでにこの時点でロールズは、ゲームが価値をもつためには、スタートラインの平等のみならず、累積する不平等への対処が重要だと考えていた。

だが先述したように、必要以上の干渉は禁止される。政府の役割は、細目にまで及ぶ分配パターンの矯正ではなく、基本的には社会制度の公正さの維持に限定される。こうした制度論はのちに、福祉国家型資本主義への批判と財産所有のデモクラシーへの肯定として、より積極的

フリードリッヒ・ハイエク

な仕方で論じられることになる（本書第二、三章）。

以上のことにも関連するエピソードがある。[28] 少し時代が降《くだ》った六八年、ロールズはミルトン・フリードマンからモンペルラン協会に招待されている。この協会は、自由市場の支持者によって四七年に設立された反共産主義的な性格をもつ団体だが、その領袖《りょうしゅう》は、二〇世紀を代表するオーストリア出身の社会哲学者フリードリッヒ・ハイエク（一八九九～一九九二）であった。彼は集産主義を批判し小さな政府を擁護したが、『法と立法と自由〈2〉社会正義の幻想』において、ロールズに好意的に言及している。いわく、ロールズが「社会正義」という言葉を用いているのは残念だが、私たち二人のあいだに基本的な論争点は存在しない、と。[29]

だがこれは、明らかに同床異夢であった。同じく市場を重視するといっても、フリードマンが制約なき自由競争を理想化したのに対し、ナイトやロールズは、公正なゲームを実現するかぎりで市場は意義を有すると考えていたからである。その証左に、ロールズはモンペルラン協会からの招きには応じなかった。また晩年のハイエクも、自分とロールズのあいだにはやはり大きな違いがあると認めている。

社会契約論への注目――「公正としての正義」

ロールズが最初に「公正としての正義」というタームを明

示的に用いたのは、一九五三年、コーネルでの初年度の講義であったようである。以後、彼は講義を通じてさまざまな思想家の著作に接し、自分の考えを発展させるスタイルをものにするが、この時期からロック、ルソー、カントの社会契約論との本格的な取り組みが始まっている。ただし先に見たように、当初ロールズは功利主義の枠内で正義論を考えようとしていた。留学から帰国するころ、彼は「正義について」という研究計画を立てるが、それはジョン・スチュアート・ミルの功利主義の再検討から始まるプランだったらしい。一九五五年の「二つのルール概念」でのロールズは、実際、修正功利主義者だったといえる。

しかし、五八年の論文「公正としての正義」では、まさに社会契約という考えが功利主義と対比して打ち出される。つまり、この三年間でロールズは功利主義の支持者から批判者へと立場を変えている。より慎重な言い方をすれば、彼は功利主義を基本的に高く評価するが、同時にある難点を抱えていることに思い至った。それは公正さにかかわるものである。

一見したところでは、正義《ジャスティス》と公正《フェアネス》の概念とは同じものであり、よって両者を区別したり、一方が他方よりも基礎的であるという理由はないと思われるかもしれない。このような印象は間違っていると私は考える。本論文では、正義の概念における基礎的観念が公正だということを明らかにしたい。……すなわち、正義のこの側面こそ、功利主義がその古典的形態においては説明できないものであり、社会契約の観念が、たとえ誤解を招くような仕方であっても、表現しているものなのである。

（「公正としての正義」三一頁）

いかなる点で功利主義の説明は難点を抱えているのだろうか。ここで仮想事例として検討されるのは「奴隷制の正当化」の問題である。だがロールズは、ここで「奴隷制の存在によって社会全体の利益が増大するとしたら、功利主義はそれを正当化してしまう」という、よくある功利主義批判を展開しているわけではない。「二つのルール概念」で擁護されていた規則功利主義の立場からすると、奴隷制が是認されることは（少なくとも現代社会では）ありそうにないからである。体罰を例にして考えることもできる。個別の体罰が一定の成果をもたらすことはあるかもしれない。だとしても、体罰という制度が一般化した状態を功利主義が正当化することはまずないだろう。

しかし、奴隷制や体罰という実践を認めないとしても、功利主義は、奴隷主や暴力教師の利益が効用計算にカウントされることを否定できない。結果的に退けられることになるにせよ、それらは考慮事項にいったんは含まれるのだ。だが、このような利益はそもそものはじめから却下されるべきではないだろうか。まさしくロールズはこの点で功利主義を批判する。奴隷制や体罰を支持する理由はいわば道徳的に誤ったものなのだが、功利主義はそれに正しく対応できていないのである。

そこで彼は、「各人が平等な自由にある状態で相互承認が可能なルールにもとづいている場合、制度や実践は正義にかなったものとなる」という、契約論(=複数の視点からの合意)の考えをふまえた代替的なヴィジョンを提示する。つまりここでは、正義の原理を、単一の視点からなされる功利計算の行政的適用ではなく、自由かつ平等な人びとによる相互承認からとらえ返す視座の転換が示されている。

それゆえ、社会契約という考えがいかに歴史的事実としては誤りであり、また社会的・政治的責務の一般理論としていかに無理をしすぎているとしても、適切に解釈されるならば、それは正義の概念の必須部分を表現しているのである。(「公正としての正義」六五頁)

今日の道徳理論では、同じく契約論といっても、利益のバーゲニング(=合理性)に注目する契約主義(contractarianism)と、公正な状況において相互に受容可能な理由(=道理性)に着目する契約主義(contractualism)とは区別される。「公正としての正義」のプロジェクトは両側面を含むが、より重要なのは理由の妥当性にもとづいた後者の構想なのである[30](「合理性」と「道理性」の区別については、第二章で詳しく説明する)。

ハーバードへの移籍

コーネルで実り豊かな時期を送ったロールズは、一九五九年から翌年にかけてハーバードの客員教員として過ごし、マサチューセッツ工科大学（MIT）に移籍した二年間を挟んで、六二年、あらためてハーバード大学哲学部の教授として迎えられる。これには、主要メンバーのひとりであったロデリック・ファース（一九一七～八七）の推挙もあったらしい。宗教的背景をもつ道徳哲学者だったファースは「理想的観察者理論」で知られる。[31]

当時の英米圏の哲学界で、ウィトゲンシュタインに比肩する影響力をもっていたのが、ハーバードのW・V・O・クワイン（一九〇八～二〇〇〇）である。ロールズとクワインのあいだには直接の交流は多くなかったようだが、同じく同僚となったクワインの弟子バートン・ドリーブン（一九二七～九九）とは親友の関係になり、彼を介してロールズはクワイン哲学からも多くを学ぶことになる（ドリーブンとの友情については第五章で触れる）。とりわけそれは、デビュー論文に示されていた「解明」の手続きを一層明確化し、第二章で取り上げる反照的均衡の考えをより深化させた。[32]

一九六〇年代のアメリカは政治の季節でもあった。キング牧師（一九二九～六八）らの活動が実り、六四年に公民権法が成立するが、翌六五年にはジョンソン政権によるベトナム戦争への本格的介入が始まった。こうした時代の動きにロールズも呼応し、六七年にはファースとともにワシントンでひらかれた反戦集会に参加している。

さらにこのとき、国防総省は「2－S」とよばれる成績優秀者への徴兵免除を認めたが、ロールズはハーバードがこの仕組みを導入することに反対した。彼はこう考える。個人の基本的自由を著しく制約する徴兵制は、どうしてもそれが必要であり、公正な仕方で負担の分配がなされる場合にかぎって、正当化されうる。2－Sのような選別的な制度は、社会的効率性や功績を理由とした基本的自由の制限であって、道徳的な説得力を欠く。[33]

ファース、ドリーブンをはじめ、ほとんどの哲学部メンバーはロールズと同じ立場であった。左傾化していたヒラリー・パトナム（一九二六～二〇一六）は当然に反対派である。政治学部からも、ジュディス・シュクラー、スタンレー・ホフマン（一九二八～二〇一五）、マイケル・ウォルツァー（一九三五～）らが仲間に加わった。彼女たちとロールズの親交は以後も続くことになる。だが、クワインとネルソン・グッドマン（一九〇六～九八）の長老格二人が異議申し立てに加わらず、当時の学長が保守的な人物だったこともあって、この反対発議は成功しなかった。それからしばらく、大学には不和の雰囲気が残ったという。[34]

SELFの立ち上げ

同時期にロールズは「倫理・法哲学研究会」（Society for Ethical and Legal Philosophy）、通称SELFの立ち上げにかかわっている。[35]これは、アメリカ東部の大学の若手研究者を中心にした会であり、その目的は哲学のフレームワークを通じて現実社会の問題を分析することにあった。

ロールズとウォルツァーのほか、ロナルド・ドゥオーキン（一九三一～二〇一三）、ロバート・ノージック、トマス・ネーゲル（一九三七～）、トマス・スキャンロン（一九四〇～）、ジュディス・ジャーヴィス・トムソン（一九二九～二〇二〇）ら、政治哲学分野の錚々《そうそう》たるメンバーが揃っていた。ロールズはここで市民的不服従論についての考察を深めている。[36] さらにSELFが母体となって、七一年には『哲学と公的事象』（*Philosophy and Public Affairs*）が創刊された。以後、このジャーナルは規範的政治理論をめぐる活発な議論の場となっていく。

『正義論』執筆

『正義論』の執筆過程に触れて本章を閉じたい。ロールズは六四年までに最初の草稿を完成させていたが、六四～六五年度と六九～七〇年度、二度の在外研究期間中に大幅に加筆した。そのあいだの講義でも、草稿を教材として用い、学生からの意見を求めている。つまり『正義論』は入念な書き直し《エラボレーション》を経て完成された。その経緯は序文の謝辞にも記されているが、ここではルソーとカントからの影響が一段と深まる様子に焦点を当てる。[37]

ルソーの社会契約論は、「いかにすれば私たちは法に従いながらも自由であることができるか」を問うものだが、その中心にあるのは一般意志（general will; volonté générale）の観念である。これによれば、法を基礎づける人民の意志が一般性を体現する（＝特殊個別的な利害によって歪《ゆが》められていない）場合にかぎって、私たちは集合的にも自由であることができる。ロールズはとくに以下の箇所から多大な影響を受けたという。

> なぜ、一般意志はつねに正しく、しかも、なぜ、すべての人はたえず各人の幸福を願うのであろうか。それは、各人という語を自分のことと考えない者はなく、またすべての人のために投票するにあたって、自分自身のことを考慮しない者はいないからではないか。このことから、次の点が明らかとなる。すなわち、権利の平等およびこれから生ずる正義の観念は、各人がまず自分自身を優先させるということから、したがって人間の本性から出てくるということ。一般意志は、それが本当に一般意志であるためには、その本質においてと同様、その対象においても一般的でなければならないこと。一般意志はすべての人から発し、すべての人に適用されなければならないこと。一般意志が、なんらかの個別的な限定された対象に向かうときは、われわれに無縁のものについて判断しており、われわれを導く真の公平の原理を持っていないわけだから、その場合には一般意志は本来の公平さを失うこと。
>
> （ジャン＝ジャック・ルソー『社会契約論』第二編第四章）

後年のロールズが「驚くべき段落」とよぶこの洞察からすると、一般性を保持するように裏づけられているとすれば、各人の合理的利益の追求こそが正しい法をもたらすことができる[38]。これは原初状態論の発想にほかならない。ではいかにして一般性が担保されるかが当然問題となるが、ここで彼はカントに注目する。カントは普遍性をもつ道徳法則＝定言命法のあり方について考察したが、そのとき強調される点の一つに、偶然性の捨象がある。カントによれば、時と場合によって左右されないルールに従う場合、私たちは自律《オートノミー》にふさわしい仕方で行為できる。[39]

ロールズはこれらの考えを結び合わせる。すなわち、正義の原理が選ばれる状態は一般性を担保するものでなければならず、そのためには、可能なかぎり偶然性が捨象されていなければならない。いまやそれは、社会的・経済的属性のみならず自然的属性にも適用される。こうして、「公正としての正義」の基点《オリジン》となるべき各人が「平等な自由」にある状態（原初状態）の定義は、書き直しを通じて一段と抽象化された。カントへの接近は、『正義論』を一つの高みに引き上げると同時に、それ固有の問題をもたらすことにもなる（本書第三章）。

最後にして最大のアクシデントは次のようなものだった。一九七〇年四月二四日早朝、在外研究先のスタンフォード大学高等研究所で、あろうことか放火による火災が発生したのだ。インド出身の社会人類学者マイソール・シュリニヴァス（一九一六〜九九）は、長年の研究カードが灰燼《かいじん》に帰す不運に見舞われる（にもかかわらず、彼は数年後、記憶にもとづいて代表作『追憶の村』を書きあげた）。[40]

ロールズは、呆然《ぼうぜん》とするシュリニヴァスを気遣った後、この数ヶ月間取り組んできた成果がゼロになったかもしれないという懸念とともに研究室へと向かった。だがこのときも、運命の偶然性は彼を打ちのめさなかった。消火活動による水濡れはあったものの、タイプ草稿は無事だった。

それから待ち受けていた学部長の仕事に追われつつも、ロールズは書き直しを続ける。出版局から本文で五八七頁になったと伝えられると、せいぜい三五〇頁くらいだろうと思っていた彼は、その長さに驚きながらも、自ら索引を作成して最後の仕上げを施した。かくして一九七一年、緑色のカバーが鮮やかな『正義論』は無事公刊される。二〇年を要したこの本が捧げられた相手は、もちろんパートナーのマーガレットだった。

第二章

『正義論』は何を説いたか

現代政治哲学の基本思想

『正義論』初版

1971 『正義論』

1974 ノージック『アナーキー・国家・ユートピア』

1975 『正義論』ドイツ語訳（修正が加えられ、改訂版の底本となる）

1976 ハイエク『法と立法と自由』第二巻『社会正義の幻想』

1979 イギリスでサッチャー政権発足

1981 アメリカでレーガン政権発足、新自由主義的な経済政策の実施

1982 「社会統合と基本財」

1987 「『正義論』フランス語版への序文」

1989 『公正としての正義 再説』ほぼ完成（公刊は2001年）

1992 セン『不平等の再検討』

1999 『正義論』改訂版
キテイ『愛の労働あるいは依存とケアの正義論』

現代政治哲学の金字塔

ロールズの主著『正義論』（*A Theory of Justice*）は一九七一年に出版された。ロールズがおよそ二〇年をかけて書き継ぎ、満を持して世に問うた著作である。原稿はすでに六四年には一応は完成していたと見られるが、その後もロールズは修正と推敲《すいこう》を重ね、議論の完成度を高めていった。『正義論』がいかに大きな影響力をもった著作であるかは、その後今日にいたる政治哲学の研究の多くが、この著作の「影」で行われてきたことが示している[1]。

『正義論』の魅力は、一言でいえば、綿密に練り上げられた方法論にもとづいて実質的な正義の構想を示した点にある。ロールズは、自らが擁護する正義の構想を「公正としての正義」とよんだ。それは、公正な手続きが実質的内容としての正義原理を正当化するという彼の基本的な考えを表している。この章では、『正義論』を主に取り上げ、彼が公正な手続きをどのように示し、その手続きがどのような正義原理を正当化しているのかを見ていきたい。テクストとしては九九年の改訂版を主に用い、二〇〇一年出版の『公正としての正義 再説』なども参照する。

契約論のアプローチ

ロールズは、功利主義が近現代の政治哲学の主流をなし、現実に、諸国家の制度や政策に深く大きな影響を及ぼしてきたと見る。『正義論』では、かつて自身も擁護していた功利主義が主要な論敵として定められる。後に見るように、功利主義は、福利の総和が諸個人のあいだでどのように分配されるかを問わないところ、したがって、全体の福利を向上させるためにある人びとの基本的な自由や権利の制約を正当化しうるところに難点が見出《みいだ》される。

ロールズが功利主義の正義の構想を批判するにあたって依拠するのは、近代の社会契約論の伝統である。[2] ロック、ルソー、カントがその代表的論者として挙げられる。[3] 契約論によれば、取り決めの対象となる社会の諸制度は、それがあらゆる市民によって受容されうるものであるときに正しいと考えられる。ロールズの場合、制度がある仕方で編成されたときにもっとも不利な立場を占めると想定される者に対しても、当の制度が正当化されうるかどうかがポイントになる。

ロールズの議論において、契約論はロックやルソーのように自然状態から社会状態への移行を説明するために用いられるのではない。それは、それ自体公正であるとみなしうる仮想的な選択状況、つまり交渉力に優劣がない公正な選択状況のもとで、契約当事者が一致して受容しうる「正義の構想」の正当化の手続きを示すものである。

ただし、正義の理論は、そうした公正な選択状況からはじまるわけではない。その出発点は、仮想的なものではなく、具体的で歴史性を帯びたものである。それは、北米や西欧の社会で長く存続してきた立憲デモクラシーの政治文化である。その文化ないし実践に深く内在していると考えられる傾向から、「公正としての正義」の全体を形づくる諸観念――これは「根本的な観念」とよばれる――が抽出される。「根本的な観念」としてもっとも重要なのが「人格」と「社会」についての観念である。「人格」や「社会」をどうとらえるかが正義の理論の出発点であり、それが社会の諸制度がどう編成されるべきかを方向づけていく。

人格と社会の観念

あるがままの人格や社会などというものが存在しない以上、人格や社会をどう見るかには一定の「理想」が反映される。

ロールズが人格としてとらえるのは、「二つの道徳的能力」を必要最小限もつとみなされる行為者である。[4] その能力の一つは、自分自身の「善の構想」(conception of the good) ――自分の生に中心的な価値を与えると各人が考えるもの――を形成し、修正しつつ、合理的に追求する能力である。言い換えれば、この能力は、自分の生き方は自分が決めるという人格的自律の能力であり、この自律を擁護することこそリベラリズムの基本信条である。

自らの「善の構想」を追求する能力が「合理的な」(rational) 能力であるとすれば、もう一つの道徳的能力、すなわち「正義感覚」をもつ能力は「理にかなった」(reasonable) 能力である。これは、自分と他者との関係のあり方を規制する社会正義を理解し、それにもとづいて振る舞う能力である。正義にかなった諸制度に自ら従おうとする市民の「正義感覚」によって支持されるとき、制度は持続可能なものとなる(「合理的な」と「理にかなった」との違いについては本章後半でさらに詳しく述べる)。

他方、社会は「ある世代から次世代へと長期にわたる公正な社会的協働のシステム」としてとらえられる。[5]「公正な社会的協働システム」としての社会とは、協働を規制する「公正な条項」——協働に参加する者が理にかなったものとして受容しうるルールや手続き——に従って、各人がそれぞれの「善の構想」を合理的に追求しつつ、同時に協働がもたらす利益と、それを存続させるのに必要なコストを分かち合う関係が成り立つ社会である。それは、有利な立場を占める者の側に「公正な条項」を尊重する用意がなかったり、事情が許せばいつでもそれに背こうとしているような、合理的な利害関心だけがベースにある社会とは異なる。[6]

合理的な能力のみならず理にかなった能力を備えた人格。そして、そうした人格が、自由かつ平等な市民として「公正な条項」のもとで協働する社会。ロールズが理論の出発点として提示する「根本的な観念」は、たとえばホモ・エコノミクスとしての「人格」、そして、私的利益の合理的な追求のための外在的な枠組みとしての「社会」とは著しく異なったものである。ロールズは、人格や社会についてそれだけを切り離してその妥当性を問うのではなく、ある種の理想化を経た人格や社会がどのような正義の構想を導くのか、そしてその構想が無理なく受容されうるものであるかどうかを問う。

正義の理論の次なる問いは、自由で平等な市民は、自分たちが形成する社会的協働を規制するものとしてどのような正義の構想を選択するか、である。契約当事者たちは、どのような正義の構想を受け入れるだろうか。「公正としての正義」のアプローチにとって重要なのは、正義の諸構想の比較検討が行われる選択状況それ自体が公正なものでなければならない、ということである。そこで設定されるのが「公正な初期状況」すなわち「原初状態」（original position）である。

原初状態

「公正としての正義」とは、公正な契約手続きこそが実質的内容をもつ正義原理を正当化するという考え方を指すものだった。契約当事者が、互いのあいだにいっさいの優劣がない平等なベースラインに立つ場合に、この公正さは担保される。

この公正さを確保するために用いられるのが「無知のヴェール」（veil of ignorance）である。原初状態の当事者は、このヴェールによって、自他を区別するいっさいの情報（才能・体力・

人種・ジェンダー・富など）から遮られる。たとえば、かりに自分が富裕層に属するという情報が与えられたなら、再分配を退ける、ないしはそれを最小化するような正義の構想を選択することが合理的な推論になるだろう。自分にとって有利となる正義の構想を選択するためのこの種の情報が伏せられているがゆえに、各当事者は、同一の合理的な推論にもとづいて正義の構想を比較検討することになる。自己を優先するバイアスがはたらかないのであるから、この合理的な推論は同時に不偏的な推論でもある。

正義の諸構想が比較検討される際のもう一つ重要な想定は、「コミットメントの負荷」（the strains of commitment）である。これは、市民を代表する立場にある当事者は、自分たちが遵守できない、あるいはかりに遵守できるとしてもきわめて大きな負荷がかかりそうな合意を取り決めようとはしない、という想定である。[7] たとえば、全体の利益のために利他的な自己犠牲の継続を要求するような正義の構想は、明らかに負荷が過大である。

したがって、原初状態の当事者は、うまくいけば有利な立場を占めることが可能な正義の構想を探るのではなく、もっとも不利な立場におかれることになってもなおも受容できるような正義の構想を求める。ロールズはこの考え方をマキシミン・ルール（諸々の選択肢の最小値のなかでもっともましなものを選択する）とよんだ。[8]

正義の諸構想の比較検討

原初状態の当事者に提示される正義の諸構想は、理論家（ロールズ）が歴史・思想史を振り返って有力であるとみなすものである。たとえば、次に確認する功利主義の構想や、卓越主義の構想、第一章で触れた直観主義の構想などである。ちなみに『正義論』では、リバタリアニズムの構想はメニューには含まれていない。ロールズがリバタリアニズムを対抗的な正義の構想として受けとめ、リベラリズムをそれから区別するようになるのは、ロバート・ノージックの『アナーキー・国家・ユートピア』が七四年に出版されて以後のことである（ハイエクは国家に最小限を超えた一定の役割を認めており、彼の正義の構想はリバタリアニズムではなく古典的リベラリズムに属するとロールズは見ていた[9]）。

ロールズの議論は、最善の正義の構想を正当化しようとするのではなく、代替的な正義の諸構想に対して自らの正義の構想を擁護するという形をとる。「公正としての正義」のもっとも有力なライバルは、いうまでもなく功利主義の構想である。

功利主義批判

功利主義は、結果として最善の事態を導くような行為ないし制度を正しいと考える帰結主義の一形態である。功利主義は、その最善の事態を効用ないし厚生《ウェルフェア》が最大化される状態としてとらえる。功利主義は、効用の総和の最大化をはかるか、それとも平均した効用の最大化をはかるかによって、総和主義（古典的功利主義）と平均功利主義に分かれるが、いずれの立場も集計された効用（福利）の最大化をはかることに変わりはない。アマルティア・セン（一九三三～）とバーナード・ウィリアムズ（一九二九～二〇〇三）が整理するように、「帰結主義」、「福利主義」、そして「集計主義」が功利主義の立場を特徴づける。[10]

ジェレミー・ベンサム以来、二世紀にわたって、功利主義は実際に制度や政策の指針としても採用され、一定の社会改革を導いてきた。たとえば「限界効用逓減《ていげん》」の観念は、効用が低い水準にあると考えられる社会層への資源の分配を正当化し、福祉国家の再分配を支持してきた。一般のコモンセンスにおいても、「効用」と「幸福」は主観的に感じられる欲求の満足という点でほぼ同義のものとなっており、「効用」に訴える正義の構想は依然としてかなりの説得力をもっているように思われる。ロールズは、何を功利主義の難点と見たのだろうか。

功利主義に対するロールズの批判は、「功利主義は諸個人のあいだの違いを真剣に受けとめない」という言葉に要約されるだろう。[11] 功利主義は、集計される効用を最大化するために、ある諸個人の基本的な諸自由や諸権利に制限が加えられることを正当化しうる。価値をおしなべて効用に一元化することは功利主義の魅力でもあるが、そのために、個人の自由や権利が犠牲にされることを功利主義は必ずしも不正とは考えない。

同様に、功利主義は、効用という価値を最大化するにあたって、社会の資源が諸個人のあいだでどのように分配されるべきかについて明確な指針をもたない。理論上は、効用を生みだしやすいごく一部の人びとに資源を集中することも正当化されてしまう。後述するように、ロールズは、功利主義には相互性の原理が欠落している――この原理によれば、不平等が正当化されるのはそれがすべての人の利益に資する場合にかぎられる――という観点から、功利主義を批判する。

そして、ロールズによれば、そもそも「人格」をどのように見るかについて功利主義には大きな難点がある。[12] 功利主義が想定するのは、「自らの満たしたい目的と欲求をもつ合理的個人」としての人格である。そうした個人は、そうすることでより大きな効用――欲求ないし選好の満足――が得られるなら、容易に目的を取り替えたり、愛着や忠誠を棄《す》て去ることも辞さない。ロールズの場合、人格は、それぞれの仕方で自分の具体的な目的や忠誠・愛着を組み入れることによって各自の「善の構想」を描き、追求するのであり、そのことからそれぞれ他に代替しがたい「善の構想」の多元性が導かれる。功利主義は、人格の能力を「満足への能力」一般に還元することによって、この多元性を廃棄してしまうのである。

このように功利主義は、どのような価値が優先されるべきであり、またそれらが諸個人のあいだでどのように分配されるべきかについて、「公正としての正義」から見れば不正と判断される事態を許容してしまう。それに代わる構想としてロールズが擁護するのが「正義の二原理」である。この正義の構想を理解するために、社会の制度はどのような価値の分配にかかわるのかを見ておこう。

「善の構想」と基本財

「善の構想」は各人各様であり、それらは一つの物差しでは測れない——共約不可能な——ほどに異なっている。そして、それぞれの代替不可能な生き方を肯定することこそリベラリズムの特徴であり、社会の制度は各人の生き方に干渉・介入するようなパターナリズムとは無縁でなければならない。制度が関与するのは、社会的に分配することができる「基本財（善）」(primary goods)である。ロールズが基本財として挙げるのは、自由と権利、機会、所得と富、自尊の社会的基盤である。後に自由時間も、その候補として示唆されるようになる。[13]

これらの財は、人びとがどのような「善の構想」を追求するのであれ、誰もが市民として必要とする財として定義される。財の定義については、当初は合理的な個人がより多くを欲するものとされたが、後年、「自由かつ平等な市民という資格においてもつ必要の対象」として再定義された。「善の構想」の合理的な追求は、理にかなった公正な条件のもとで行われなければならないからである。[14]

効用（厚生）とは違い、基本財には、諸個人がそれらをどれだけ保有しているか、また保有していないかを容易に観察しやすいという利点もある。

自尊の社会的基盤

「正義の二原理」は、これらの基本財の分配に関する制度編成を導く基本的な指針を示す。その詳細を見ていく前に、「自尊の社会的基盤」という基本財の性質について、少し補足しておきたい。この財は、基本財のうちでも「もっとも主要なもの」としてすら位置づけられているからである。

ロールズは、「自尊《セルフリスペクト》」を「市民が人格としての自らの価値について生き生きとした感覚をもち、その目的を自信をもって推進していくこと」として定義している。[15]社会の制度は、市民がそうした自尊を抱くことを可能にするものでなければならない。「自尊」そのものは各人が自身に抱く感情であり、それ自体は分配の対象とはならない。求められるのは、自尊を可能にするないしは自尊の毀損《きそん》が避けられるように社会の諸制度が編成されることである（「社会的基盤」とはそのように編成された制度のあり方を指す）。

すなわち、もし何らかの制度が、ある人びとを劣位の者として扱う面を明らかにもっているとすれば、他の基本財の分配には何ら問題がないとしても、そうした制度編成は正義にかなっているとはみなされない。

ちなみにロールズは、諸個人の境遇とその改善を評価する指標として重要なのは、客観的に観察される財の保有それ自体ではなく、各人がそうした財を用いて何をなしうるか／各人がどのような状態で暮らすことができるかだという、アマルティア・センが提起したケイパビリティの議論を、妥当な批判として受け入れている。[16,17]

ロールズの議論においても、基本財は、諸個人の道徳的能力の適切な発達や十全な行使にとって不可欠なものとしてとらえられているのであるから、ロールズにとってもケイパビリティ・アプローチを退ける理由はない。ただし付け加えれば、ケイパビリティの個人間比較は膨大な情報を要するという実践的な面で難点があり、ロールズは個人間比較がより容易な基本財のアプローチをなおも擁護する。

アマルティア・セン
写真：Elke Wetzig / CC BY-SA 3.0

このように、ロールズは、（効用やケイパビリティではなく）基本財を諸個人の有利－不利を評価する指標として用いるが、彼の関心は、帰結としての財の分配状況が正しいかどうかを直接に問うことにはない。正義にかなっているか否かが問われるのは、社会の主要な諸制度、つまり、市民がもつ基本的な権利・義務を規定し、社会的協働がもたらす便益や負担を分配する諸制度である。[18] 思想・良心の自由を保障する制度、市場を競争的に保つ制度、家族などがそうした主要な制度の例である。これらの諸制度が全体としてどのように編成されているかを示す用語が「社会の基本構造」（the basic structure of society）である。正義の構想は、この「基本構造」が市民のニーズの対象である諸々の基本財をどのように分配すべきかに指針を与える。

正義の二原理

さて、ロールズが提示する正義の構想の内容は「正義の二原理」(two principle of justice)として定式化される(ここでは最終版と考えられる定式を挙げる)。

第一原理:各人は、平等な基本的な諸自由からなる十分に適切な枠組みへの同一の侵すことのできない請求権をもっており、しかも、その枠組みは、諸自由からなる全員にとって同一の体系と両立するものである。

第二原理:社会的・経済的不平等は、次の二つの条件を満たさなければならない。第一に、社会的・経済的不平等は、公正な機会の平等という条件のもとで全員にひらかれた職務と地位にともなうものであるということ。第二に、社会的・経済的不平等は、社会のなかでもっとも不利な立場におかれる成員にとって最大の利益になるということ(格差原理)[19]。

第一原理が「平等な自由の原理」、第二原理の前段が「公正な機会平等の原理」、そして第二原理の後段が「格差原理」とよばれる。これら都合三つの原理のあいだには、①平等な自由の原理、②公正な機会平等の原理、③格差原理という明確な優先順位が設定される(順序がけっして覆らないという意味で、それは「辞書的な優先性」ともよばれる)。したがって、もっとも不利な立場にある人びとの経済的状況を改善するような制度がかりに平等な自由を損なうものであるとすれば、そうした制度の編成は正当とはみなされない。

ロールズは、複数の諸原理のあいだに明確な優先順位を設定しない正義の構想を「直観主義」とよぶ[20]。正－不正をめぐる事態の複雑さは功利主義のような一元的な原理にはなじまない。それゆえ、過度の単純化を避けるためには複数の諸原理が併存せざるをえず、それらを事態に応じて使い分けるほかはない、と直観主義は考える。ロールズは諸原理の明確な優先順位を示すことによってこの立場を退けるわけである。

そうした優先順位に沿って、「正義の二原理」のそれぞれが何を意味しているかを見よう。

平等な自由の原理

まず目を留めたいのは、第一原理は自由一般を擁護しているわけではないということである。この原理が擁護するのは諸々の（複数形の）自由である。具体的には、政治的自由、言論・結社の自由、良心・思想の自由、財産（動産）を有する権利をともなった人身の自由、恣意的な逮捕・押収からの自由などが挙げられる。これらの諸自由は二つの根拠をもって「基本的」とされる。一つは、「二つの道徳的能力」の発達・行使にとってこれらの諸自由が不可欠であるという理論的な根拠である。もう一つは経験的な根拠であり、これらの自由が人びとの苦闘の果てに勝ちとられてきたという歴史的経緯にもとづく。

加えて、制度によって優先的に保障されるのが諸自由からなる「枠組み」であり、いかなる個々の自由も絶対的なものとはされていないという点も重要である。自由と自由とのあいだにも衝突がありうる——たとえば、表現の自由とプライバシーとの衝突——のであり、個々の自由は他の諸自由と両立しうるように制約される場合がある（たとえばヘイトスピーチが人格の統合《インテグリティ》を損なうものとして制約されるように）。

さらにロールズは「自由」と「自由の価値」（人びとが実効的に自由を行使しうること）を区別しており、第一原理が保障するのはあくまでも「自由」であって「自由の価値」ではないと述べる。[21] たとえば、移動の自由そのものと移動の自由を実際に可能にする交通手段へのアクセスとは区別される。後者は第二原理による機会や資源の分配を必要とする。ただし、ロールズは、政治的自由にかぎって、その「公正な価値」は第一原理それ自体によって保障されるべきであるとのちに議論を修正した（この点については後述する）。

公正な機会平等の原理

基本的な諸自由を諸個人に平等に保障する第一原理によって、形式的な機会の平等は実現される。人種、ジェンダー、性的指向、宗教、エスニシティなどにもとづいて差別的に扱われ、ある集団が劣位化されることは法制度上はなくなる。そして一人ひとりの能力だけが評価されるような競争が可能になる。しかし、かりに同じ能力とそれを用いようとする同じ意欲があったとしても、それを活かす機会が平等にひらかれているとは限らない。たとえば、同じ学力がありながらも学費や生活費を工面できないがゆえに、大学への進学をあきらめざるをえないケースなどがそれである。

公正な機会の平等は、同じ能力と意欲のある人びとに対して同じライフチャンスを与えるものであり、社会に存在する人的資本を——無駄にすることなく——有効に活用しうるという点では、効率的でもある。形式的な機会の平等のもとに成り立つ「自然的自由の体系」(アダム・スミス)は「才能にひらかれたキャリア」を可能にするが、その「才能」を活かしうる機会は、公正な機会の平等の実現によって、はじめて実際にアクセスしうるものになる。

格差原理

公正な機会の平等は、能力と意欲のある人びとにそれを発揮する機会をひらくけれども、もって生まれた才能が当該社会の価値評価にマッチしない人びとは、そもそもそうした機会にアクセスすること自体が著しく困難となる。格差原理はこうしたミスマッチに対応することを目指す。

社会的・経済的不平等は、相互性の基準にもとづいて、その不平等がすべての人びとの利益に資するようにアレンジされる場合にのみ正当化されうる。格差原理は、制度が、もっとも不利な立場におかれる人びとにとって長期的に見て最大の利益になるよう編成されることを要求する。ロールズが、通常の相互性の基準にとどめず、格差原理というより要求度の高い原理を提起したのはなぜだろうか。二つの理由が考えられる。

一つは、社会に存在する多様な才能をできるだけ活かすためである。ある種の才能は、社会の価値評価基準にうまくマッチし、別種の才能はさほど適合しない。公正な機会の平等が同じ能力と意欲の持ち主に機会をひらくとしても、この原理はミスマッチゆえに周辺化され、社会の底辺に押し込められがちな才能を活かすことにはつながらない。格差原理（difference principle）は、社会にさまざまな才能が分布している状況を「コモンアセット」（共同の資産）としてとらえ、それらの多種多様な才能が相補性をもつように組織する――多様に開花するそれぞれの才能が互いに享受されうるような関係を築く――ことを可能にする。

コモンアセットとみなされるべきものは、生まれつきの才能の分配ないし分布である。つまり、人びとのあいだの違い（difference）である。そうした違いには、同一種類の才能（体力や想像力等々）に関する違いだけでなく、異なる種類の才能に関する違いも含まれる。こうした多様性がコモンアセットとみなされうるのはなぜかというと、そのような多様性によって、さまざまな才能をそれらのあいだの違いを利用して適切な仕方で組織化すれば、数知れない相補性が可能になるからである。

（『再説』§21・3）

才能の多様性をコモンアセットとみなし、それぞれの生き方を促すこと。これが格差原理の果たす役割の一つである。加えてもう一つの役割は、（他の二つの原理と協働して）富と所得の拡大を制御することである。

ロールズの議論において「社会的ミニマム」は二通りの意味で用いられている。一つは、市民としての基本的なニーズが充足されているという意味であり、このミニマムは憲法によって保障される。もう一方の意味でのミニマムは、格差原理が立法段階で税制などとして具体化されることを通じて実現される。

後者の場合、ミニマムの水準は、もっとも不利な立場にある人びとに注目し、その境遇を長期的に見て最大限に改善しようとする制度を通じて定まる。「最大限」というのは、それ以上に引き上げるならば、より有利な立場にある人びとの「正統な期待」(legitimate expectations)が低下し、それにともなって、より不利な立場にある人びとの「正統な期待」もまた低下に転じてしまうところを指す。[22]

格差原理に対しては、もっとも不利な立場にある人びとの境遇にのみ注目しているのではないかという批判も提起されている。そうした批判を予期したロールズは、格差原理がもっとも不利ではないにしても、より不利な立場にある人びとの境遇も「連鎖的な結びつき《チェーン・コネクション》」によって改善していくはずである、という見通しを示した。もっとも、この「連鎖的な結びつき」がつねに作用するとまではいえず、制度の狭間《はざま》に人びとが陥らないようにする仕組みが必要なのはたしかである。

ロールズが過度の不平等の制御を具体的にどう考えていたかを知るために、彼の描く税制について少し紹介したい。[23] まず、世代間の格差の継承を防ぐために、遺贈や相続については累進課税の原理が受け取る側に対して適用される。これは「不動産と生産用資産の広範で一層平等な分散を促進する」ためである。また、富や所得の格差が過大であると判断される場合には、累進課税原理が富《ストック》および所得《フロー》に対して適用される。格差が「過大」であるとみなされるのは、その格差が平等な諸自由や公正な機会の平等を著しく損なうと判断される場合である。格差が過大ではない場合には、財やサービスの消費にかけられる比例的な消費税が望ましい、とロールズは述べている。財の生産ではなく財の消費に課税することが、相互の利益の向上をはかる社会的協働にふさわしいと考えられるのである。

偶然性への対応

ロールズは、自分の人生にどれだけの／どのような機会がひらかれているかの見通しを「生の展望《ライフ・プロスペクト》」と表現する。[24] 社会の制度が果たすべき役割は、この展望がすべての市民にとって閉ざされないようにすることにあり、その時々の窮状に対処することに主眼があるわけではない。

生の展望は、さまざまな偶然性によって左右される。ロールズは、それらを自然的偶然性、社会的偶然性、そして予見不可能な偶然性の三つに分けている。[25]

自然的偶然性は、生まれながらの才能がどのようなものか（社会の価値評価に適合するか）、社会的偶然性は、どのような家庭や社会層において育ったのか、そして予見不可能な偶然性は、病気や事故、不況や失業、災害などに見舞われることがなかったか、にそれぞれ対応する。これらの偶然性は人びとが自分ではコントロールできないものであり、したがってその責任が問われるべきではない事柄だと考えられる。そうした偶然性によって左右され、生の展望に明らかな有利－不利が導かれるとすれば、その帰結は正当とはいえない。

第二原理は、こうした偶然性に対応するように社会の制度を編成することを求める。大まかにいえば、公正な機会平等の原理は社会的偶然性に、格差原理は自然的偶然性および予見不可能な偶然性に対応する。

各人がコントロールできない事情のために不利な立場――値しない不利――を強いられるべきではないという考えは、いわゆる「運の平等主義」の立場にも通じるものである。ジェラルド・A・コーエン（一九四一～二〇〇九）やリチャード・アーネソン（一九四五～）ら錚々たる理論家が、財の分配は人びとの「選択《チョイス》」に反応すべきであり、人びとが選択できない「偶然《チャンス》」に反応すべきではないというロナルド・ドゥオーキンの考えに沿って、「運の平等主義」の議論を展開してきた。[26] この議論のポイントは、各人が自分で選択した事柄（選択運〔option luck〕）については各人の責任を問うことができ、逆に、各人が選択したのではない事柄（厳然たる運〔brute luck〕）については責任を問うことができない、したがってそれに起因する不利は社会が補償すべきである、というものである。たとえば肌の色、知的障碍、性的指向、生育した家庭の所得階級ゆえの不利はそうした補償の対象とみなされる。

ロールズの議論と「運の平等主義」の議論には、偶然性への対応という点で相通じるものがあることはたしかだ。しかし、両者のあいだには重要な違いがある。ロールズの関心は、互いに平等な者として尊重されるべき市民が偶然性ゆえに劣位の立場を強いられないようにすることにあり、個々の市民が被った不運に対して補償を行うことが第一の目的ではない。言い換えれば、ロールズにとっては、制度を通じて市民のあいだに平等な関係を成り立たせ、それを維持することが重要なのであり、個人ごとに特定されるそれぞれの不利を埋め合わせることそれ自体が重要なのではない。

われわれは、公正としての正義の諸原理によって秩序づけられた社会においては、もっとも高いレベルで、またもっとも基本的な点で、市民は平等なのだということができる。市民は互いを対等な者として承認し理解しているという意味で、平等はもっとも高いレベルで現れている。……市民たちを社会的につなぐ絆は、彼らの平等な関係が求める諸条件を保つことへの市民たちの公共的な政治的コミットメントなのである。

（『再説』§39・2）

市民が互いを平等な者として承認し合う関係は、「最高レベルでの平等な関係」ともよばれる。[27]市民間の平等な関係が維持されるように社会の諸制度を編成することを重視している点で、ロールズの立場を「関係(論)的平等主義」とみなしても間違いではないだろう。[28]実際、ロールズは、社会の基本構造に対する評価は市民間の平等な関係(equal citizenship)という観点からなされるべきであることをたびたび強調している。[29]

自分の選択に対する責任の観念を明示的に導入したことは、たしかに「運の平等主義」のメリットとして挙げられる。しかしながら、「運の平等主義」の議論においては、選択それ自体の環境を歪んだもの——ある人びとには有利な選択肢をひらき、ある人びとにはそれを閉ざす——にしている構造を正義にかなったものに改善していく責任が問われることはない。これに対して、ロールズがまさに重視するのは、個々の行為(選択)の背景的な条件をなす諸制度をある人びとにとって不利に作用しないように編成することである。このことは、ロールズが、個々の市民の責任をまったく問わないということを意味しない。彼は次のように「責任の社会的分担」の構想を示している。

この正義構想には、責任の社会的分担とでもよぶべきものが含まれている。社会——すなわち一つの集合体としての市民——は、平等な基本的諸自由と公正な機会の平等を維持することについての、また、それ以外の基本財の十分な取り分をこの枠組みの内部にいるすべての人に提供することについての、責任を引き受ける。それに対して、(個人としての)各市民および各アソシエーションは、その現在および予見可能な状況を所与として、自らに期待できる汎用的手段に応じて自らの目的や願望を改定し調整する責任を引き受ける。

(「社会統合と基本財」§5、二三六頁)

諸制度を正義にかなったものにする責任を社会が果たしているならば、予見可能な状況をふまえて「善の構想」をどのように描き、それをどう追求するかについては各市民の責任が問われる。後に見るように、「財産所有のデモクラシー」の構想は、各人が自分の選択に対して正当に責任が問われるような選択状況を用意しようとするものである。ここで重要なのは、市民は、社会の責任が果たされることにも同時に政治的にコミットしており、自分の選択にのみ責任を負う私的な主体でない、とされていることである。

正義の二原理の大きな特徴

これまで「正義の二原理」がどのような特徴をもっているかを見てきた。ここでその特徴を次の二つの点にまとめてみたい。一つ目は、他の価値観(異なった生き方)に対する「寛容」という意味でのリベラルな特徴であり、二つ目は、平等主義的であるという意味での(もう一つの）リベラルな特徴である。以下で詳しく見ていこう。

① 生き方の多元性の肯定

後期ロールズの頻出用語である「理にかなった多元性の事実」は、『正義論』にはまだ登場していない。ロールズ自身が顧みるように、『正義論』では正義の構想を正当化する議論全体がリベラルな価値観――「リベラルな包括的教説」――の枠内で行われていた。[30] 言い換えれば、社会のすべての成員がリベラルな価値観を共有する（しうる）ことが前提とされていた。

多元性の幅がこのように限定されているとはいえ、『正義論』にはリベラルな社会がどのような社会でなければならないかがはっきりと示されている。それは、人びとが各自の「善の構想」をそれぞれの仕方で多元的に追求していくことが肯定される社会である。ロールズによれば、公園内の草の葉を数えることを生きがいとすることも「善の構想」の追求として尊重されねばならない。より高度な能力を身につけた人はそれを発揮できる複雑な活動を選好する傾向が一般にあるものの、必ずしもそうでなければならないわけではない。

ロールズは卓越主義的な正義の構想を採らないが、それは、社会の制度が、人びとの生き方の優劣を評価し、より卓越した生き方を促進するために強制力を用いるべきではないと考えるからである。[31] 卓越主義は、たとえば科学や芸術などの分野で認められるような優れた価値を実現しうる活動、あるいは貴重な文化的価値を保存するような活動に携わる者には、社会的資源に対する特別の請求権が与えられてしかるべきだ、と考える。つまり、質的に優れた諸価値をもっともよく実現しうるように社会の制度を編成することが正義にかなっているとする立場である。[32]

もし、卓越主義的な正義の構想が採用されるなら、生き方の多元性は大きく縮減されざるをえない。かりに自分の善の構想が質的により劣ったものとして公的に評価されるなら、自尊の社会的基盤は掘り崩されてしまうだろう。もちろん、どのような生き方が望ましいか、どのような活動がより優れているかをめぐる評価が人びとのあいだでなされるのは避けがたいことでもあり、卓越を目指す競い合いが科学や芸術において行われることは望ましいことでもある。リベラルな社会にとって重要なのは、そうした生き方や活動に対する評価が行われるべき場所はコミュニティやアソシエーションであって、強制力を備えた制度をもつ政治社会ではないということである。

コミュニタリアン（共同体論者）とよばれる一群の理論家が現れ、リベラリズムに論戦を挑むようになるのは一九八〇年代のことである。コミュニタリアンの一部は、リベラリズムが描く「善の構想」が個人主義的なものであり、共通の善の構想が欠落していることを強く批判する。しかし、この批判には的外れなところがある。というのも、ロールズは、さまざまなコミュニティやアソシエーション——いわゆる中間団体——において、特定の価値評価基準が共有されることをむしろ積極的に肯定しているからである。

必要なのは、各人が所属しており、かつ当人の目的を追求する努力が彼の仲間たちによって確証・肯定されていることが分かるような、利害関心が共有されたコミュニティが少なくとも一つは各人にとって存在しなければならない、ということに尽きる。そして通例、こうした保証は、公共的生活において市民が互いの目的を尊重し、そして各自の肯定的な自己評価《セルフ・エスティーム》をも支持する仕方で自身の政治的な主張を定めるときは、いつでも十分足りている。

（『正義論』§67）

むしろ、コミュニタリアンの議論の問題は、政治社会の観念とコミュニティの観念をはっきりと区別しないところにある。「民主的な社会は、その内部の多くのコミュニティにとって快適であり、実際、そこでは多様性が友好と調和のうちに繁栄する社会であろうと努めている。しかし、民主的な社会それ自体は一つのコミュニティではない[33]」。

このように、ロールズは、政治社会の内部にコミュニティやアソシエーションが多元的に存在する状況を望ましいこととして肯定する。しかも、それらのコミュニティやアソシエーションが「相互の比較が問題とならない諸集団」としてアレンジされるならば[34]、社会全体は価値序列のない多元性によって特徴づけられることになる。ロールズの描くリベラルな社会の理想は、そうした多元的な諸価値がばらばらに棲《す》み分けるのではなく、互いの違いが活かされるような仕方で相補的に共存する社会である。

②平等な関係の擁護

ロールズの正義の構想は、多元的な生き方を肯定するという意味でリベラルであるだけでなく、市民たちの平等な関係を擁護するという意味でもまたリベラルである（この意味での「リベラル」はアメリカの政治文化での用法に沿っている）。

「正義の二原理」は、社会的・経済的な面では厳格な平等を求めるものではなかった。第二原理の主語からも明らかなように、社会的・経済的不平等は、それが社会の全成員の利益に資するのであれば、正当化されうるものであった。不平等の度合いに上限はなく、理論上は、もっとも不利な立場にある人びとの状況をわずかでも改善するのであれば不平等は際限のないものになりうる。しかし、ロールズは、「正義の二原理」にしたがって「背景的正義」が維持されるなら、所得と富の格差は過度なものにはならず、「不平等が縮小・水平化される持続的な傾向」が看取されるはずであると明言する。[35]

「背景的正義」とは、個々の相互行為の背景にあってその累積効果を制御する正義を指す。この正義がなければ、かりにスタートラインは平等であっても、次世代や後続する諸世代は著しく不平等な競争を強いられることになる。ロバート・ノージックの批判に対する反論においてロールズが強調するのも、この背景的正義への顧慮がノージックの議論に欠落している点につ

ロバート・ノージック

いてである。

自分たちは互いのあいだで結ばれた合意を統制する規範を公正にかつ几帳面《きちょうめん》に大事にしていると各人が信じているという事実だけでは、背景的正義を保持するには十分ではない。……たとえ諸個人が公正に振る舞うとしても、背景的正義は腐敗する傾向があるというのが実態である。別々の、独立した相互交渉の全体としての結果は、背景的正義に向かうのではなく、むしろそれから遠ざかる。こういってもいいだろう。こうした場合には、見えざる手はものごとを誤った方向に導き、不当な不平等や公正な機会への制約を維持するようにはたらく寡占的に配置された蓄積に手を貸すのだ、と。

（『政治的リベラリズム』講義7、§4）

個々の相互行為にたとえば契約不履行や詐欺などの不正がないかどうかだけを問題にするリバタリアンの正義の構想では、背景的条件における不平等の累積、そして世代間の富裕ないし貧困の連鎖が度外視されてしまう。国家の権力を最小化しようとするノージックの議論は、

「寡占的に配置された〔富の〕蓄積」を助長し、市民のあいだに圧倒的な力の格差が生まれる事態を正当化してしまう。リバタリアニズムは、公的支配（国家の権力）を最小化しようとして私的支配（私人の権力）の最大化に道をひらいてしまう、といってもよいだろう。

ノージック――ハーバード大学の同僚でもありSELFの仲間でもあった――に対するロールズの反批判はこのように仮借のないものである。後期ロールズのいう一群のリベラルな正義の諸構想にも、リバタリアンの構想は含まれない（本書第三章）。それは、リバタリアンが、資源の再分配を退け、市民が平等な自由を享受するために不可欠な資源（「汎用財」）の提供を道徳的に正当化しえないものとして拒否するからである。[36] リバタリアンが批判の対象とする福祉国家ですら、ロールズにとっては、富（資産）の不平等に十分に対処できるレジームではなかった。

財産所有のデモクラシー

ロールズは再分配に積極的な福祉国家に対しても、「背景的正義が欠けている」と見て厳しい批判を提起した。[37] 既存の福祉国家は、「福祉国家型資本主義」（welfare state capitalism）とよばれ、市場に対する国家の介入を排する「自由放任型資本主義」、中央の計画経済によって社会を統制する「国家社会主義」と並んで批判の対象となっている。

福祉国家型資本主義に対するロールズの批判は、生産用資産と天然資源の所有における甚大な不平等を許容するために、経済的・政治的生活が少数の者によって牛耳られる事態を許してしまうという点、そして、まずまずの社会的ミニマムは保障するけれども、その保障が事後的な救済にとどまっている、という点の二つにまとめられるだろう[38]。

既存の福祉国家は、その福祉に慢性的に依存するような「アンダークラス」(下層階級)、つまり社会的協働から事実上排除され、公共的な政治文化に背を向けるような社会層をつくりだしているとロールズは考える[39]。これは、社会に対して背を向け「内心の叛逆《はんぎゃく》」を抱くとされる、ヘーゲルのいう「窮民《ペーベル》」を想起させる描き方である。富の格差を許容し、事後的な救済に終始するレジームは、このようなアンダークラスを存在させる点で社会統合の限界を露呈している、と見るのである。

福祉国家型資本主義に代わるレジームの構想の一つとしてロールズが提示するのが、「財産所有のデモクラシー」(property-owning democracy)である。言葉自体はロールズ自身のものではなく、イギリスの経済学者ジェイムズ・E・ミード(一九〇七〜九五)の用語である。人びとが社会的協働から排除されず、むしろその協働に劣後しない立場で参加していくためには、事前における生産用資産へのアクセスや人的資本を形成するための機会が制度的に保障されていなければならない[40]。

「財産所有」といわれる際の「財産」とは、物的資本(生産用資産)ならびに人的資本(教育と技能)であり、これらの所有を広く社会に行き渡らせ、一部の人びとによる寡占を許さないことが「財産所有のデモクラシー」の狙いである。

ベーシック・インカムによって保障される所得を生産用資産とみなしうる余地もないわけではないが、[41]ロールズの議論の力点は、「適正な程度の社会的・経済的平等を足場にして」、各人が自らの仕事を通じて社会的協働に参加しうる条件を用意することにある。ロールズは、社会を「最後の雇用者」とみなし、たとえば政府を通じて「意義のある仕事」の機会を提供しなければならない、と強調する。[42]人びとは、仕事を通じて「善の構想」(の一部)を追求する機会を与えられるべきであり、また、社会的協働を存続させる負担を分担しなければならない(ロールズは社会が「意義のある仕事」を多くの人に提供できなくなる事態については直接言及していない)。

福祉国家型資本主義に対する代替構想として、ロールズが、「財産所有のデモクラシー」とともに「リベラルな社会主義」を挙げていることも付記しておきたい(「リベラルな社会主義」こそロールズがもっとも高く評価するレジームであったと見る論者もいる[43])。

不動産を含む生産用資産の所有は、私有という形態だけではなく社会的所有ないし公有という形態もとりうる。[44]このレジームにあっては、生産用資産は社会によって所有されるが、職業の選択や経済活動は「自由で競争的にはたらく市場システム」のなかで行われる。ロールズは「財産所有のデモクラシー」と「リベラルな社会主義」のいずれのレジームを採るかは、社会の歴史的状況やその政治思想・政治的実践の伝統に依存するとしている。この議論には、あるいはオックスフォード留学の際にロールズが知った生産手段の社会的所有をめぐる議論が反映されているかもしれない。[45] いずれにしても、ロールズが現行の「資本主義」からのレジーム・チェンジを構想していることは注目すべきポイントである。

政治的自由の「公正な価値」

「公正としての正義」が平等主義的な特徴を備えることはロールズが自認するところであり、社会的・経済的不平等を規制すべき理由がいくつか示されている。[46]

① 一方の極において貧窮ゆえの受苦を生みだす
② 社会的・経済的格差が政治的影響力に反映されるなど、一部の者が社会を牛耳るようになる
③ 社会的地位の不平等が自身を劣った者とみなさざるをえないような関係を市民のあいだにつくりだす
④ 政治的・経済的な手続き上の公正さ（平等な者としての扱い）を毀損する

ロールズによれば、社会的・経済的不平等のほとんどは第二原理によって規制されうるが、社会的・経済的不平等の政治的不平等への変換はその例外をなす。というのも、「政治をめぐ

る公共的フォーラムの空間」（政治的意思決定への影響力が実質的に作用する空間）がかぎられているため、政治的自由の価値は、社会的地位の違いや富の格差による影響を被りやすく、交渉力において劣る人びとはこの狭い空間から排除されがち——裏返していえばそれらに優《まさ》る人びとがこの空間を独占してしまう——だからである。

それゆえ、ロールズは基本的な諸自由のなかでも、こと政治的自由については、その自由を行使する価値が十分に平等なものでなければならない、と論じるようになる[47]。その具体的な方策として挙げられるのは、選挙への公的助成、選挙運動への寄付の制限、公共のメディアへのより対等なアクセスの保障などであり、これらの方策によって社会的・経済的な権力が政治的権力へと転換されるプロセスを遮断しようとするのである[48]。政治的自由について「公正な価値」を保障することを求めるこの但書は、第一原理それ自体に含まれる。

政治的自由の「公正な価値」を第一原理に含めるという、『正義論』刊行後にロールズが行った修正は重要である。というのもこの価値は、憲法そのものによって保障され、実質的に見て正しい法を制定するための条件とみなされるからである。

原初状態において当事者が合意する「正義の二原理」は、それに続く憲法段階（第二段階）、立法段階（第三段階）において制度として具体化されていく。さらにその制度を執行ないし適用する行政ないし司法の段階がそれに続く。これは「四段階の系列」とよばれる。

目を留めておきたいのは、第二原理が制度化されるのは立法段階であり、憲法段階ではないということである。憲法そのものによって保障されるべき事柄——これは後年「憲法の本質事項」(constitutional essentials) とよばれるようになる——は、第一原理が特定する基本的な諸自由のほか、形式的な機会の平等、そして市民としての基本的ニーズの充足にとって必要なミニマム保障である。対して、公正な機会の平等や格差原理の具体化は、第三の段階である立法段階に委ねられる[49]。

正義原理の一部をその時々の多数意思が支配する立法段階に委ねることには違和感がもたれるかもしれないが、これは裏返せば、ロールズが正義原理の実現を司法判断にのみ委ねていないことの一つの証左でもある。たとえば税制などを通じて社会的・経済的不平等をどう制御するかは、市民自身が民主的な意思形成を通じて取り組むべき課題である。

努力・貢献に応じた分配への批判

これまで、「正義の二原理」が基本財の分配に関する制度についてどのような指針を示しているかを見てきた。その指針には、努力や貢献は応分に報いられるべきであるという一般に深く浸透している分配についての考え方——ロールズはそれを「常識の指針」とよぶ——は反映されていない。どのような理由からだろうか。

まず分配は努力に応じたものであるべきだという考えについていえば、どれだけ頑張ろうとするかの努力性向それ自体が、自然的・社会的偶然性を免れえないという点が指摘される。つまり、努力性向は、どのような才能や資質をもって生まれてきたか、また、どのような家庭で育ったかによって左右されるものであり、純粋に本人の努力に当たる部分を特定し、それに報いることは実行不可能である。才能や資質が社会の価値評価にマッチしていれば頑張ろうという意欲もそれだけ強くなるし、本人が育った家庭環境が文化資本を含め資本一般において恵まれているならば、そうでない家庭に比べて努力しようとする意欲はより高くなるはずである。[50]

次いで貢献に応じた分配についていえば、労働による貢献は、その技能に対する企業の需要、その企業の生産物に対する市場の需要、そして、同じスキルを提供する人の多寡によって左右される。[51]言い換えれば、各人がどれだけ貢献できるかは各人が社会的協働のシステムのなかでどのようなポジションを占めているかに大きく依存する。また、複雑な分業・協業によって生産が行われている実態に照らすなら、各人の貢献に当たる部分を恣意性を交えずに特定することもほとんど不可能である。

ロールズによれば、各人に対する報酬は、「彼らが〔自分の〕才能を訓練し教育したということ、および、その才能を自分の善だけでなくほかの人びとの善にも寄与するために使ったということ」に応じたものであり、人びとはそのような公正な条件のもとで報酬に対する「正統な期待」を抱くことできる。[52]

このように、ロールズの議論において、応分の報酬への「正統な期待」は、各人のものとして特定しがたい努力や貢献というよりも、教育や訓練に要したコスト、仕事にともなう責任やリスクに見合うものであり、しかも、その仕事が、相互性の基準を満たす制度のもとでほかの市民にも貢献するような仕方で行われていることから引き出される。

相互性（互恵性）

これまでもたびたび出てきた相互性（reciprocity）という言葉は、ロールズの思想を理解するためのキーワードの一つであり、ここで少し解説しておきたい。翻訳では主に「互恵性」という言葉が用いられてきたが、それがすべての文脈において適切だとはいいがたい。たしかに、社会的・経済的な不平等はそれがreciprocityの基準を満たすとき——つまりそれが社会のすべての成員の利益に資するとき——に正当化される、あるいは功利主義にはreciprocityが欠けているという場合などには、たしかに互恵性という訳語がふさわしいだろう。

とはいえ、この言葉は、とくに後期の議論においては、「理にかなっている」こと、すなわち「道理性」との結びつきにおいて用いられることが多くなる。その場合には、価値観は多元的に存在しており、自分の価値観はその一つにとどまることを承認しているという文脈で用いられる。自己を中心化することを避け、価値観を異にする他者が理解可能なもの、受容可能なものを探るときに相互性の基準は満たされるのである。[53] 他者を顧みず、ひとえに自分の考えのみが正しい（善い、真である）とする独断的な態度は相互性の基準に反するものであり、「理にかなっていない《アンリーズナブル》」とみなされる。

本書では、この二つの意味合いをカバーするものとして「相互性」という言葉を用いている。ロールズによれば、相互性は「同じことで返礼・応答する」――愛には愛を、憎悪には憎悪を――という人間の心理に深く根ざす傾向性である。[54]この傾向性が「正義感覚」の基礎をなすとともに、理にかなったものには理にかなったもので応じるという関係を市民のあいだにつくりだしていく。

他方、合理性は相互性とは無関係であり、何らかの目的を実現するためにもっとも効果的な手段を、あるいは同時により多くの目的を実現できるような手段を選ぶ目的合理的な理性を意味する。各人にとって合理的であることは、他者との関係において理にかなっていることを必ずしも意味しない。従業員が「ワーキング・プア」になるくらいまで人件費を削ることは合理的な経営判断でありうるし、また、ある種の障碍をもった生徒を教室から排除することも教育効率という点では合理的でありうるが、いずれも理にかなってはいない。一般に、関係において有利な立場を占める者がその交渉力の優位を利用することは十分に合理的でありうるとしても、普通に用いられる意味で「道理に反している」[55]。

正義の構想に関するロールズの議論のポイントは、理にかなったもの（道理性）が合理的なもの（合理性）に優位し、その制約のもとでそれぞれの合理的な目的追求が行われるような制度的環境を用意することにある。先に説明した原初状態も、各当事者による合理的な推論が、自己を優先することのできない理にかなった条件のもとで行われるようにするための装置であった(ロールズ自身が後に顧みて記したように、合理的選択理論との違いは、この道理性による合理的推論に対する制約にある)。

家族とケア

ロールズが家族やケアについてどのように論じているかは、「人格」「社会的協働」「基本財」といった観念を彼がどのように解しているかを知るうえでも重要である。

ロールズによれば、家族は基本構造の一部をなす重要な制度であり、その制度上の役割は、社会的協働を諸世代にわたって存続可能なものにすることにある。具体的には、子どもの養育とその社会化——道徳的発達を促し、文化を継承する担い手へと教育すること——にある。[56] ロールズが、夫-妻の関係ではなく親-子の関係に着目して家族を定義していることは興味深い。当初、家族を異性愛のカップルとその子どもからなるものと考えていたロールズは、後年自らの見解を大きく修正している。

正義の政治的構想によって、家族が一定の形態をとるよう要求されるといったことはない。一夫一婦制《モノガミー》にもとづく家族でなければならないとか、異性愛にもとづく家族でなければならないとか、ないしはその他の形態の家族でなければならないといったことなどないのである。……もしゲイやレズビアンの権利や義務が秩序だった家族生活や子どもの教育と両立するものだとすれば、このような権利や義務は完全に認められる。

（「公共的理性」§5・1）

このように、子どもを養育し、教育するという義務が果たされるならば、性愛／セクシュアリティがどのような形をとるかは家族を定義するうえで意味をなさないと明言されるのである。家族は正義原理の制約のもとにあり、その成員はみな、潜在的市民たる子どもを含め、市民が享受する平等な自由、権利、機会を保障されている。男性が女性を劣位の者として扱う近代家父長制は退けられる。ロールズは、事実上強いられた性別分業を女性が長らく被ってきた歴史的な不正義の一つとみなし、完全に自発的な分業だけが残るように、それを最小化していく努力が払われなければならない、と述べる。そして、分業が完全に自発的なものとなるためには、「周囲をとりまくすべての条件が同時に公正でもあるような」選択状況が用意されていなければならないとする。[57]

右で見たように、ロールズは、ケアがもっぱら女性に負荷されるような慣行を不正とみなしている。とはいえ、彼がケアそれ自体に対して適切な位置づけを与えたかについては疑問の余地もある。

子どもにかぎらず人間は、他者に依存し、他者からケアを与えられることなしにはそもそも生命を保ちがたい脆弱《ぜいじゃく》な存在である。その意味でケアの提供は、人びとが道徳的能力を発達

エヴァ・フェダー・キテイと娘セーシャ
写真：Joshua Brown / Sarah Lawrence College

させ、行使するためにも、また諸世代にわたる社会的協働を成り立たせるためにも不可欠である。

　にもかかわらず、ロールズの議論においては、依存の必要と依存に応じる労働にふさわしい位置づけが与えられていないのではないか。エヴァ・フェダー・キテイ（一九四六〜）はそう批判を提起した。[58]道徳的能力を発達させ、行使するための資源である基本財にはケア（が受けられること）は含まれておらず、ケアの提供を社会的協働にとって本質的なものとしてとらえているとはいいがたい。

　依存の必要に応じることは避けがたいことであり、そのことがケアを提供する者にとって、自分の善の構想を合理的に追求するのを妨げる制約となることもけっして稀《まれ》ではない。生の展望にかかる制約は社会的・経済的不平等のみから来るとはかぎらない。ケア提供者が「もっとも不利な立場」に立たされることもある（たとえば、学業などに支障をきたす「ヤングケアラー」の窮状がそれを示している）。キテイが指摘するように、ケアは各人による善の構想の追求を可能にするものであり、それを選択しないことも可能な善の構想の一つとして扱うことは適切とはいいがたい。

ケアがこれまでのジェンダー規範のもとで女性に押しつけられてきたことを歴史的な不正義と見るのであれば、ケアが誰によってどのように担われるべきか――これは社会的協働における負担の公正な分配にもかかわる――は、正義の構想において扱われるべき事柄であるように思われる。依存と依存対応に対して、ロールズの正義の構想が周辺的な位置づけを与えるにとどまっていることは否定できないだろう。

とはいえ、他者に依存しながらも、その意思に依存することを避けることができるような劣位化されない関係を構築し、個人の自律を維持することは依然として重要である。非依存（自立）と自律との区別をあいまいにして、リベラリズムが重視する自律の価値を低く見積もるべきではない。依存（あるいは依存対応）と自律とを両立させる途が正義の構想として探られるべきだろう。

正義にかなった社会の安定性

『正義論』の第三部においてロールズが市民の観点から論証しようとしたのは、正義にかなった社会は、同時に安定した持続可能な社会でもあるということである。第三章でも見るように、安定性への問いは後期のロールズにおいても非常に重要な問いである。

正義にかなった諸制度が安定したものであるためには、その制度は、自らを支えるような徳性や感情を市民が自発的に抱くように編成される必要がある。[59] 言い換えれば、「正義にかなった諸制度に従う、（正義にではなく）自分の善の構想にもとづく十分な理由がある」[60] という了解が成り立つとき、正しい制度と各人の善き生は適合し、市民の動機づけに根ざす安定性が得られることになる。これをロールズは、「正と善の合致」と表現する。[61]

正義にかなった社会の安定性を揺るがしうる大きな要因としては、善の構想の多元性を否定するような勢力の台頭・伸長、あるいは社会的協働においてより有利なポジションを占める者の不満の二つが考えられる。前者については第三章で取り上げるとして、ここでは後者についてのロールズの議論に少し触れておきたい。[62]

ロールズは、有利なポジションを占める者はさらなる富や所得が得られるように制度を再編しようとする動機づけを一方でもちながらも、その動機づけを抑制するに足るいくつかの理由をも有しうると論じている。正義の構想がもつ教育的効果（自由で平等な市民の一員として自分を理解しうること）、相互性の基準を満たす分配による安定した有利性の享受、そして自己利益の追求が引き起こす終わりなき競争（絶えざる不安）に代わる相互の信頼／協調的徳性の涵養《かんよう》が、ロールズの挙げる理由である。これらの理由に十分な説得力があるかについては疑問がもたれるかもしれないが、ロールズが「国民性《ナショナリティ》」その他の求心的な観念に訴えるのではなく、制度がもたらす相互性・安定性という利点に訴えていることは示唆的である。

反照的均衡という方法

最後に、方法論に言及して本章を閉じることにしたい。ロールズの政治哲学全体を導く方法論は「反照的均衡」(reflective equilibrium)とよばれる。これは、第一章で触れたデビュー論文「倫理学上の決定手続きの概要」にもすでに認められる考え方であり、しかも晩年の「ハーバーマスへの応答」でもこの方法論の新たな展開が示されている。ロールズは、その学問的な生涯を通じて、「反照的均衡」という方法について考えを深めるとともに、それを自身の学問にも適用したといえる。

この方法は、一定の前提から導かれた「原理」と「熟慮された判断」を相互に照らし合わせ、互いのあいだに食い違いがないかどうかを検討し、それらの均衡を探るものである。[63] 正義の構想は、原理に関する自明な前提から出発して演繹的にのみ導出されるのではなく、市民が抱いてきた確信や判断――たとえば異性愛の一夫一婦制は正しい規範であるといった――をそのまま反映するものでもない。正義の構想は、「多くの考慮事項のあいだでの相互支持、すなわち全体がまとまって一つの整合的な見解に収まる」ことによって正当化される。[64]

「人格」や「社会」をどうとらえるか、正義の諸構想が比較検討される初期状況(原初状態)の条件設定は適切か、正義原理の内容は受容されうるものであるか、市民が自明と思い込んでいる確信や判断は誤っていないか――。これらの考慮事項のいずれも固定したものではなく、一般的な事実を含む他の考慮事項と照らし合わせることを通じて変化へと導かれる。たとえば異性愛を妥当なものとみなす判断は、性的指向や性自認に関する新たな認識の受容や、平等な自由の尊重という原理との照合を通じて、修正すべきものとして受けとめられていく。このように、反照的均衡の「均衡」化の過程は、静態的な安定性に帰着するものではなく、さらなる反省／照合を通じて変化しうる動態的なものであることを強調しておきたい。

すでに見たように、家族という制度についてのロールズ自身の理解も明らかに変化したし、努力に応じて報われるべきであるといった一見自明な「常識の指針」に対しても、原理に照らした反省が示された。二つの道徳的能力の最小限の所有によって定義された「人格」の観念ですら、修正にひらかれている。そして何よりも、次章で見るように、ロールズは、反照的均衡を自身の正義の理論にも及ぼし、「多元性の事実」をより重く受けとめることを通じて、当初は「包括的なもの」であった正義の構想を「政治的なもの」へと大きく転換していくことになる。[65]

このように、正義の構想はすでに完結したものとして提示されるのではなく、さらなる問題発見と修正にひらかれたものとして位置づけられている。晩年には、「広い《ワイド》」反照的均衡と「一般的な《ジェネラル》」反照的均衡のアイディアも示される。[66]前者は、可能なかぎり広範囲の道徳的あるいはその他の信念を考慮事項に含め、それらのあいだの整合化をはかるものである。後者の一般的な均衡は、理論家が構成した理論自体が、市民のあいだでの「間主観的」(inter-subjective)な照らし合わせを通じて検討され、修正されうるルートを確保するものである。

理論家は、この一般的な均衡において、特権的な地位を占めない。あらゆる考慮事項が市民間の熟議を通じて疑問に付され、その検討を通じて新たな整合化がはかられていく。その意味で、反照的均衡はあらゆる市民の熟議への参加を俟つ方法論として提示されているのである。

第二章小括

本章では、ロールズが擁護する「公正としての正義」とはどのような正義の構想なのかを見てきた。その構想が正当化される公正な手続き（選択状況）、その構想の内容を示す「正義の二原理」、功利主義をはじめとする代替的な正義の構想との違い、「正義の二原理」が制度を通じて保障する市民間の平等な関係など、「公正としての正義」は多くの論点を含んでおり、そのそれぞれに対してさまざまな批判が提起されてきた。ロールズ自身もそうした批判のいくつかを真剣に受けとめ、妥当と考える場合には自身の議論に修正を加える労をいとわなかった。

ロールズが批判や異論にどう応じたかについては第三章でも言及する。ここでは、「人格《パーソン》」の観念に提起された異論にのみ触れる。先に見たように、ロールズは、「二つの道徳的能力」を必要最小限もっていることを「人格」の定義とし、諸人格のあいだの道徳的平等の基礎をこの能力の所有に求めた。ロールズによれば、能力の程度に違いは見られるとしても、ほとんどすべての人は道徳的能力の所有によって画される領域のなかに収まるがゆえに、平等な者としての尊重に値する。[67]

しかしこれは裏返していえば、重度の知的障碍者はこの領域の外部にあり、平等な者としての扱いの例外となる。「道徳的コミュニティ」(J・ウルフ)のメンバーシップを特定の属性——一部の功利主義者の場合には快-苦を感じる能力——の所有に帰す議論は、必ずどこかで排除の効果をもたざるをえない[68]。おそらく、他者との関係がもつ道徳的に意味のある特徴は多様であり、そのそれぞれを考慮に入れた場合にどのような承認や扱いがふさわしいのかについて検討がなされるべきだろう。

第三章
「リベラルな社会」の正統性を求めて
『政治的リベラリズム』の構想

『政治的リベラリズム』

1958　バーリン「二つの自由概念」
1973　ハート「ロールズにおける自由とその優先性」
1980　「道徳理論におけるカント的構成主義」
1982　サンデル『リベラリズムと正義の限界』
1985　「公正としての正義——政治的であって形而上学的ではない」
1987　「重なり合うコンセンサスの観念」
1991　ハーバード大学を定年退職、同名誉教授
1993　『政治的リベラリズム』
1995　「ハーバーマスへの返答」　ハーバーマス「理性の公共的使用を通じた和解」
1996　『政治的リベラリズム』ペーパーバック版
2001　9月　アメリカ同時多発テロ事件
2005　『政治的リベラリズム』増補版（「公共的理性の観念・再考」を追加）
2016　ミュラー『ポピュリズムとは何か』

『正義論』から『政治的リベラリズム』へ

本章の主題は、第二の主著『政治的リベラリズム』（*Political Liberalism*）で描かれる、ロールズによる新たなアイディアの考察である。政治的リベラリズムとは、簡単にいえば、現在のような価値観の多元化した社会において求められるリベラリズムの構想であり、論争的な価値観に依拠しない仕方での社会制度の正当化を目指すものだ。ロールズ自身も認めているように、これは『正義論』からの重要な変更をともなうものだった。

あらかじめ述べておくと、『正義論』公刊以降、ロールズがただちにこの立場に移行したわけではない。後述するように、むしろ最初の一〇年ほどはカント的な考えへの依拠がさらに高まっていく。ところが、八〇年代半ばになると、政治的リベラリズムの構想が明確に打ち出されることになる。本章でも、まずはロールズのカント解釈を検討し、そこに含まれる問題を確認する。そのうえで、「理にかなった多元性の事実」の認識ゆえに政治的リベラリズムが必要とされ、新たな理論が構築されていく道筋をたどりたい。

政治思想研究の活況

舞台となる一九八〇年代は、政治思想研究が活性化した時代でもあった。『正義論』は汲《く》めども尽きぬ泉として、その中心的存在となった。それは称賛を浴びるとともに、多くの批判的考察をも惹起《じゃっき》した。SELF（倫理・法哲学研究会）のメンバーでもあった、ノージックの『アナーキー・国家・ユートピア』、ウォルツァーの『正義の諸領域』はその代表例である。そのほかにも、アラスデア・マッキンタイア（一九二九〜）の『美徳なき時代』、チャールズ・テイラー（一九三一〜）の『自我の源泉』、マイケル・サンデルの『リベラリズムと正義の限界』といった重要な著作が続々と刊行された。

ノージックはリバタリアニズム（個人の経済的自由を尊重し小さな政府を目指す思想）、ウォルツァー以下四人はコミュニタリアニズム（個人の自由な選択に先立つ共同体の価値や伝統を重視する思想）の代表的理論家としても知られている。ロールズ自身の平等主義的リベラリズムを含む、これらの思想間で一番の争点と目されたのは、「個人の自由」と「共同体の価値」との関係性あるいは優先性だった。これをめぐる議論がリベラル＝コミュニタリアン論争である。

これから「政治的転回」ともよばれる『正義論』から『政治的リベラリズム』への移行を見ていくが、その前に、本書のスタンスとして二点明確にしておきたいことがある。一つは、論述の視点である。『正義論』以降の規範理論の見取り図としては、リベラリズム・リバタリアニズム・コミュニタリアニズム鼎立《ていりつ》の図式がよく用いられる。[1] これに応じて、ロールズの政治的転回を、リベラル＝コミュニタリアン論争に位置づける研究もある。[2] こうした解釈はさまざまな論点を関連づけて説明できるメリットをもつ一方、ロールズ自身が考えていたことからは遠ざかるきらいがある。本章では、むしろ彼の知的軌跡に注目し、より内在する仕方で移行をたどっていく。

もう一つは移行への評価である。『正義論』から『政治的リベラリズム』への変化は、しばしば「断絶」していると評されてきた。いわく、前者では抽象性・普遍性が志向されていたのに対して、後者では特殊性・歴史性が重視されている。これは、理論的後退として非難される場合もあれば、現実感覚の高まりとして称賛される場合もあった。だが、二〇年ほど前に有力だった単純な断絶説は、今日の研究水準からするともはや支持しがたい。以下では、ロールズの議論の内在的な解釈を通じて、二つの主著が変化をともないつつも、明らかに連続していることを示したい。

ハートの批判に応える

いったん話を戻そう。『正義論』には、リバタリアニズムやコミュニタリアニズムに限定されない、広範な立場から批判が寄せられた。経済学の分野では、社会的選択理論のケネス・ア

H. L. A. ハート

ロー（一九二一～二〇一七）、ゲーム理論のジョン・ハーサニー（一九二〇～二〇〇〇）、そして厚生経済学のアマルティア・センによる重要な批判がある。[3] 原初状態から正義の二原理が本当に導かれるのか、財を用いて何が実現可能になるのかについての配慮が足りないのではないか、といった問題が提起された。方法論として用いられた反照的均衡をめぐっては、功利主義者のリチャード・ヘアやピーター・シンガー（一九四六～）から再批判がなされた。[4] 彼らによれば、「熟慮された判断」の重視は常識道徳への譲歩を招き、ひいては規範理論がもつべき現実批判の力を損ねてしまう。

これらはどれも重要な批判だが、本章では、ロールズ理論の進展にとって、もっともクリティカルだった批判に注目したい。それは、オックスフォード留学時の恩師でもあった、法哲学者のハートによる「ロールズにおける自由とその優先性」である。『正義論』の中心的テーゼの一つとして、「自由は自由それ自体のためにのみ制限されうる」というものがある。[5] ハートはこの主張を精査し、その論証が不十分だと批判した。

このテーゼは自由のなかでも基本的自由に注目する。そして、基本的自由は経済的利益と引換可能にされない、と主張する。もし何らかの基本的自由を制限することで、それを大幅に上回る経済的利益がもたらされるとしても、そうした事態は認められない。正義の第一原理は第二原理に優先しなければならないからだ。たとえば、利用者のごく少ない宗教施設を商業施設に強制的に建て替えることは、たとえ莫大な補償金を支払うとしても、信教の自由という基本的な自由を損なうために退けられる。この「基本的自由の優先性」のテーゼゆえに、「公正としての正義」は功利主義よりも望ましい正義の構想だとされていた。それゆえ、もしこの主張に不備があるとすれば、『正義論』の説得力は弱くなってしまう。

自由の優先性の論証は、原初状態の当事者がそれを選択するだろう、ということによって示されていた。すなわち、無知のヴェールを被っているため、当事者は「経済的利益がとても大きいが基本的自由が侵害されている社会」ではなく、「経済的利益はそこまで大きくないが基本的自由が保障されている社会」を、合理的な推論によって選択するだろう。ハートによれば、しかし、これは必ずしも説得力のある論証ではない。

たとえば、近代化や社会的発展が十分すすんでいない状況では、後者ではなく前者のような社会を選択することが合理的であるかもしれない。まずは「富国」、しかるのちに「民権」をというわけだ。さらに、フェーズが移行してこの問題が解決したとしても、なぜ経済的利益よりも基本的自由を優先するのがつねに合理的なのかは自明ではない。思想・良心の自由の重要性については、たしかに誰もが認めるかもしれない。だが、政治的自由の行使よりも経済活動に重きをおく人は少なからずいるだろう。そしてこの種の選択が合理的でないとは言い切れない。

つまり、基本的自由の優先性テーゼは、原初状態における合理的選択だけでは導出できない。ハートによれば、それは別の理念を密輸入することで可能となっている。「この理念とはすなわち、生活の主たる善のうち、政治活動や他者への奉仕に高い価値を認め、たんなる物質や満足のためにこのような活動の機会を交換することを耐えられないと考えるような、公共的精神に充ちた市民（public-spirited citizen）の理念である」[6]。

ハートは『正義論』の実質的内容については称賛を惜しまないが、その論証は不完全だと指摘した。ハートの政治思想上の立場は、細かなところではロールズと異なるが、同じくリベラリズムといってよい。イギリスでは長らく同性愛が違法とされてきたが、一九五七年にその非犯罪化を勧告した「ウォルフェンデン報告」が出されると、ハートは毅然としてそれを支持した[7]。近い立場のハートによる批判をロールズは真剣に受けとめ、その示唆に沿うように理論を修正していく。対象をあらゆる時代や社会にではなく、現代の立憲デモクラシーに見据えること。市民がもつべき道徳的能力を一層はっきりさせ、それを適切にモデル化すること。とりわけ後者が重要な課題となる。

修正の機会は早速訪れた。はじめての外国語訳となるドイツ語版が一九七五年に出版されるにあたり、ロールズは原本を大幅に書き直した。九九年に公刊される『正義論』改訂版は、基本的にこのときの修正稿にもとづく（つまり、改訂版は執筆から四半世紀ほど経って公刊されたことになる）。全八七節の構成に変化はないが、英語本文だと五八六頁から五一四頁へとブラッシュアップが施された。邦訳の『正義論』も改訂版のものだ。まずは、ロールズが修正を施していく過程で、カントから得た着想を確認していきたい。

カントへの一層の接近

市民が備えるべき道徳的能力とはいかなるものだろうか。第二章で見たように、それは「合理性」と「道理性」の二つに分節化される。[8] 合理性とは、特定の価値観をもち、それを修正し、合理的に追求する能力であり、これによって市民は自由な存在となる。つまり合理性をもつ市民は、外部からの命令に縛られるのではなく、自分で自分の生き方を選ぶことができる。道理性とは、「正義感覚」への能力、すなわち他者を配慮して公正な社会的協働のルールを受け入れる能力であり、これによって市民は平等な存在となる。つまり道理性をもつ市民は、自分独りではなく、他者とともに生きることができる。

『正義論』初版でもこの二つの能力自体は想定されていた。だがハートが批判したように、原初状態においては合理性のみが意味をもつかのような記述がなされていた。ロールズはまず改訂版で修正を加え、さらに「道徳理論におけるカント的構成主義」において、はじめて二つの道徳的能力を明確に区別したうえでこう述べる。「道理性は合理性を前提するとともにそれを従属させる」。[9] これはカントの道徳哲学に由来する考えである。ロールズはもともとカントから影響を受けていたが、『正義論』から一〇年ほどのこの時期、彼の考え方に一層接近する。

カントの道徳哲学には次のような特徴がある。殺し屋があなたの友人を追跡しているとしよう。あなたは逃げてきた友人を自宅に匿うが、殺し屋がやってきて「こんな奴を見なかったか」と尋ねてきた。友人のことを想うなら、当然ウソをつくべきだと普通は考えるだろう。だがカントによれば、ウソとは他人に対する意図的に真実ではない言明であり、たとえ殺し屋が相手だったとしても許されるものではない。「ウソをついてはいけない」という義務は例外を認めない。それは、友人の利益や幸福＝善《グッド》よりも優先すべきものなのだ。

このように、たとえ大きな善をもたらすとしても、特定の行為（正しくない行為）は道徳として適切ではないとする考えを、義務論という。対照的に、まず善に目を向け、それをできるだけ増やすことが正しい道徳なのだという見解を、目的論という。[10] 前者はカント、後者は功利主義者に代表される。ロールズが支持するのは義務論だが、それによるなら善《グッド》はあくまでも正《ライト》に制約される。この要請は「善に対する正の優先性」とよばれる。[11]

原初状態において、こうしたカント的な考えは、まず選択当事者を可能なかぎり対称的に配置し（＝道理性の形式化）、そのうえで当事者たちが合理的選択を行う（＝合理性の形式化）というかたちでモデル化される。つまり、道理性が体現する正《ライト》の制約を侵さないかぎりで、合理性が体現する善《グッド》の追求は意義をもつ。さらに当事者は、市民がこの二つの道徳的能力を実現・行使することに、強い利害関心をもっていると設定される。まさしくハートのいう「公共的精神に充ちた市民の理念」をよりはっきりと反映する方向で、正義原理の導出プロセスは書き直されたのである。

カント的構成主義とは何か

このプロセスはまた、論文タイトルでもある、カント的構成主義《コンストラクティビズム》という方法論に裏打ちされたものでもあった。[12] これは、ロールズがカントの批判哲学から着想を得た考えである。ごく簡単にいえば、カントは客観的な法則について対照的な見方をするヒュームとライプニッツを、ともに批判した。経験論者にして懐疑論者のヒュームからすれば、一見確実に思われる法則も客観的なものではない。たとえば、これまで太陽は東から昇ってきたが、だからといって明日も必ずそうなるとは限らない。対照的に、ライプニッツはさまざまな客観的法則を認めるが、それらは経験的なものに先立つ自明なものだとする。あえていえば、この世界が始まったときから、そうした法則は変わらず存在し続けている。カントは、両見解を批判したうえで綜合し、科学的知識は経験にもとづきながらも客観的でありうることを示そうとした。

ロールズのいう構成主義の考えによれば、私たちは何らかの経験的なものに能動的に働きかけることで、妥当性をもつ新たなルールを導くことができる。あるいは、客観的な知識を拡張することができる。これと同趣旨のものとして、社会学の分野では構築主義《コンストラクショニズム》という考えもある。たとえば、「セクハラ」や「ドメスティック・バイオレンス」という言葉は昔から存在していたわけではない。だが、そのような用語が考案され一般的に受け入れられると、特定の行為は客観的に見ても不正だと新たに認定されるようになる。

ロールズもまた、私たちが疑いえない考えや判断に働きかけることで、妥当性をもつ正義のルールを新たに築き上げられることを示そうとする。とりわけカント的構成主義では、そうした試みの基礎におかれる人格と社会の観念もまたカントに倣うものとなっていた。総じていえば、この論文でロールズはもっともカントに接近しており、そのヴィジョンはきわめて理想度が高い。

サンデルの批判

ところで、この時期に注目を集めたロールズ批判として、本章冒頭でも触れたサンデルによるものがある。[13]彼は、カントやロールズがいう「善に対する正の優先性」を批判し、社会のあり方をとらえ直そうとするならば、むしろ私たちが背負っている所与の価値観に目を向ける必要があると説いた。いわく、無知のヴェールを被った「負荷なき自己」ではなく、特定のコミュニティへの愛着をもつ「位置づけられた自己」こそが重要なのだ。正義は、抽象的な自己ではなく、美徳《ヴァーチュー》や道徳的功績《デザート》の観念と関連している、と。この問題提起は、個人と共同体の関係性をめぐるリベラル＝コミュニタリアン論争の呼び水となり、八〇年代の英米圏での政治理論の活性化を促した。

しかし、サンデルの批判は、ロールズ解釈としてはミスリードを誘うものであった。まず、原初状態の当事者はあくまでも仮説的契約のためのフィクションであり、秩序だった社会の市民とは区別されなければならない。[14]さらに、サンデルが問題視する「自己は自己が確証・肯定する諸目的に先立つ存在である」という主張は、快楽主義や功利主義に代表される目的論的な道徳理論への批判の文脈で用いられている。[15]それゆえ、『正義論』を全体として読めば、「負荷なき自己」という批判はさほど説得力をもたない。ロールズが想定する人格は道徳的能力を備えているし、社会制度が正義にかなっている場合には、貢献した者はもちろん正統な取り分や称賛に値《デザーブ》する。[16]

マイケル・サンデル
写真：Shutterstock / アフロ

この時期のロールズは、ハートの批判を受けとめ、カント的な理念に依拠して市民がもつべき道徳的能力を修正していた。だとすれば、このとき実際に行われていたのは――原初状態の当事者ではなくそれを下支えする市民の理念に注目するならば――むしろ特定の負荷をもった人格の考えを推し進めることだったとすらいいうる。すなわちそれは、公共的精神に充ちた市民の理念に値するように、二つの道徳的能力をフルに発揮できるような人格のことである。しかしロールズは、こうしたカント的な人格に依拠することが、ある重大な難点を抱えることに気づく。そしてこの新たな問題への取り組みこそが、政治的転回を導くことになる。

ハーバードでの講義

政治的リベラリズムを詳しく論じる前に、以下ではハーバードでの講義に触れておきたい。というのも、ロールズがさまざまな考えを深めていったのはまさしく講義を通じてであったからである。[17] その成果は本人の許可を受けて編纂され、現時点では、『道徳哲学史講義』、『政治哲学史講義』、および『公正としての正義 再説』として公刊されている。

これら三冊はいずれも、基本的に八〇年代の講義資料がもとになったものだ。『道徳哲学史講義』では、ヒューム、ライプニッツ、カント、ヘーゲルの思想が取り上げられている（ヘーゲル講義は九〇年代に入ってからのもの）。内容・分量ともに中心をなすのはカント講義であり、ロールズがどのように四人の哲学者に向き合い、その知見を自分の理論に活かそうとしたのかが窺《うかが》える内容になっている。

『政治哲学史講義』では、ホッブズ、ロック、ヒューム、ルソー、ミル、マルクスが主に考察されている。ホッブズ講義では、彼が政治と信仰を分離可能だと考えていたのではないかという解釈がなされている。後述するように、これは政治的リベラリズムに通じる着想であり、この点でロールズはホッブズを高く評価している。ただし、ホッブズには統治権力の制限という問題意識はきわめて薄い。この欠落を立憲主義によって補ったロックは、社会契約論を一歩進めた思想家という位置づけがなされる。だが同時に、ロックは社会的・経済的不平等をさほど考慮しておらず、その立論からは「階級国家」が正当化されてしまうことも示される。ルソーはまさにこうした不平等の問題に向き合い、平等な市民からなるデモクラシーの理念を力強く提示した思想家として称賛される。さらにマルクス講義では、あまり論じられることのない、マルクス本人の正義論の再構成が試みられている。

ヒュームとミルは功利主義の伝統を代表する思想家だが、ロールズはミルを高く評価する。それは、彼のいう効用《ユーティリティ》が狭い意味でのそれではなく、「進歩していく存在としての人間にとって永久に変わることのない利益を根拠とする効用」だからである。[18] ミルは、自由原理(危害原理)による多様性や個性(自律したライフスタイル)の尊重、表現の自由の擁護、正義に対する道徳心理学について示唆的な議論を展開している。ロールズによれば、ミルは功利主義の立場から「公正としての正義」を支持しただろうとされるが、この指摘はきわめて興味深い。[19]

『公正としての正義 再説』――財産所有のデモクラシー再論

最後の『公正としての正義 再説』(*Justice as Fairness: a Restatement*)は、ロールズ自身の理論を述べ直したものだ。『正義論』をふまえて書かれており、比較的コンパクトにまとまっている(ロールズ入門の一冊としても好適である)。ここでは、第二章でも見た「財産所有のデモクラシー」の構想について、あらためて触れておこう。『正義論』のフランス語訳にロールズは序文を寄せているが、そのなかでこの構想を詳しく検討したいと述べている。そして実際、『再説』ではいくらかのレジームの比較検討を通じて、「財産所有のデモクラシー」の特質がより明らかにされている。[20]

『正義論』の主張に触れた読者は、ロールズが支持する政府とは、不利な立場にある人びとへの再分配をとかく要請するものだと思うかもしれない。だが第二章でも確認したように、彼は多大な格差を生む既存の社会構造を前提としたうえで、事後的な再分配に終始するような政治を批判している。こうしたレジームは「福祉国家型資本主義」に分類される。それは一定の生活水準を保障するかもしれないが、各種の抑圧ならびに受動的な政治文化を温存してしまう。

対照的に、「財産所有のデモクラシー」の特徴は、富と資本を含む生産手段の所有の分散を通じて、経済的権力を独占する少数集団の出現を防ぐことにある。またそれは、財の事後的な再分配というよりも、事前の分配や人的資本の形成によって、よりポジティブな社会的包摂を目指す。このレジームは、正義の二原理の辞書的優先性を体現するともいえる。というのも、格差原理が、先行する「平等な自由の原理」と「公正な機会平等の原理」に、適切に結びつけられているからである。「格差原理を単独で適用すれば、ナンセンスに陥る」。[21]

しかしこの時期、現実の社会においては、サッチャー政権やレーガン政権のもとで民営化が強く推し進められた。それにともなって福祉サービスは大幅に削減され、ロールズの用語でいえば「自由放任型資本主義」への接近が生じた。形式的平等しか保障しないこの政体に対して、ロールズは当然に批判的である。それは、経済的効率性と成長を最優先するため、正義の二原理の観点からすると受け入れられるものではない。そこでは、少数の経済的強者が既得権益を握ることになるからである。

この論点は、経済的自由を主要な価値とするリバタリアニズムへの批判にも敷衍《ふえん》されている。[22]代表的論者のノージックによれば、政府がなしうるのは個別的な財の移転や取引の正しさを保証することに尽きる。それをこえて、政府が何らかの分配パターンをもたらそうとすれば、人びとの自由や所有権は侵害されるからだ。[23]たしかにこれは、フロンティアの豊富な時代や場所では魅力的な考え方かもしれない。だが、このタイプのリバタリアニズムは、市場メカニズムを実効的に機能させる背景的制度への配慮を欠く。さらにいえば、「政治権力とは、共通善のために公平に行使されるべき公共的権力である」という意識をもっていない。[24]

ロールズは、一党独裁の指令経済による「国家社会主義」には批判的だが、他方で、職業選択の自由と市場経済を前提にしたうえで、労働者による企業の自主管理を目指す「リベラルな社会主義」の可能性を認めている。これはミル『経済学原理』から着想を得たものだが、この本に同じく示されている、実質的な資本蓄積がなされなくなる定常状態《ステーショナリー・ステート》についても、ロールズは否定していない。[25]これは、生産と消費はもちろん引き続き行われるが、人口規模や生活水準は同一のレベルにとどまり続けるような経済の状態のことである。

この二世紀程で世界の人口は約一〇億人から七〇億人へと驚異的なペースで増加し、合わせて生活水準も格段に上昇した（すべての社会がそうではないが）。だが、そうした未曽有の成長によって、環境問題をはじめとする深刻な問題がもたらされたことも明らかになっている。ミルとロールズは、過度の開発をともなう仕方での資本主義社会の継続を、必ずしも自明視してはいなかった。こうした定常状態の議論は、持続可能な開発目標（ＳＤＧｓ）などを通じて、今日あらためて注目されている。

ちなみに、現存する社会主義とは距離をおきつつも、その理念を補助線としてリベラリズムを再検討する試みが、八〇年代から九〇年代前半にかけて積極的になされていた。[26] いくらか例を挙げれば、ロバート・グッディン（一九五〇〜）の『脆弱なものを保護する』、ディヴィッド・ミラー（一九四六〜）の『市場・国家・共同体』、ジョン・ローマー（一九四五〜）の『これからの社会主義』、Ｇ・Ａ・コーエンの『自己所有権・自由・平等』といった挑戦的な著作が書かれている。[27] これらはみな『正義論』から何らかの影響を受けたものでもあった。

政治的転回──理にかなった多元性の事実からの出発

ここからは、いよいよ政治的リベラリズムの考察に移る。あらかじめキーワードを挙げておけば、「理にかなった多元性の事実」「包括的教説／政治的構想」「リベラルな正統性原理」「公共的理性（理由づけ）」「重なり合うコンセンサス」といったものが挙げられる。これらはロールズ独自の用語であり、聞き慣れないフレーズに最初はとまどうかもしれない。しかし、順をふまえて見ていけば、けっして理解しがたいものではない。なぜなら、政治的リベラリズムは、私たちの生活とも密接に関連する考え方だからである。

自由な社会では人びとの価値観は一つに収斂《しゅうれん》せず、相異なったものであり続けること。政治的リベラリズムは、この「理にかなった多元性の事実」から出発する。もしも無知、扇動、弾圧などによる不幸な政治的対立が無くなったとしても、人びとの意見やスタイルの多元性は消え去らないだろう。特定の価値観を強制することは必ず抑圧をもたらす。このことをふまえてロールズは問いかける。

自由かつ平等な市民がさまざまな宗教的・哲学的・道徳的教説によって深く隔たったままであり続けるとすれば、そうした市民たちからなる、正義にかなった安定性をもつ社会が世代をこえて存続することは、いかにして可能となるだろうか。

（『政治的リベラリズム』講義1、序文）

たしかに現代の社会にはさまざまな価値観が存在する。宗教戦争や文化衝突に代表されるように、それは時に激しい対立を招く。だとすれば、何か特定の価値観をすべての人が受け入れなければ社会は安定しないのだろうか。そうではない。多種多様な生き方をそれぞれ選びながら、私たちはなお同じ社会で共生できるはずだ。ロールズはそう考える。では、そうした社会が成立・存続するためには何が必要とされるのだろうか。

『正義論』最大のディレンマ

あらためて確認しておくと、『正義論』の出発点の一つも価値観の多様性の肯定だった。つまり、人びとが多様な善の構想を追求しているからこそ、それらを共存可能とする正義のルールが必要となる。『正義論』ではまず、第一部でどのような善の構想をもつ人であっても受容可能な「公正としての正義」が仮説的に導かれ、しかるのちに、第三部で実際の市民の視点からしてもこの正義の構想が支持されるという二段階の論証がなされていた。

実際の市民が正義のルールを自分自身の価値観にもとづいて支持すること――「正と善の合致」――は、『正義論』の中核をなす主張である。そのようにして、個人のミクロな視点と制度のマクロなあり方が結びつく場合にかぎり、正義にかなった社会の安定性は成立する。ロールズはこれを「安定性の問題」とよぶ。だがその論証の際、彼は、「正義のルールに従い、自律を達成することを通じてのみ、人間はその本性を完全に表現することができる」という、きわめてカント的な考えに依拠していた。[28]

しかし、こうした「正と善の合致」の捉え方は論争を免れない。かりに「カントの道徳哲学によって正義の二原理を擁護できる」というのは問題ないとしても、「カントの道徳哲学によらなければ正義の二原理を擁護できない」というのは明らかにいいすぎとなる。だが、『正義論』での安定性の問題の論証には、まさにこの勇み足を踏むきらいがあった。

この主張を突き詰めるならば、ロールズの考える秩序だった社会においては、カント的な価値観のみが完全に認められるということになる。つまり、カントのいう自律《オートノミー》――正しい道徳につねに心から従って行為すること――を支持できるような人だけが、正と善の合致を実現できる。これは明らかに、多様な価値観の肯定というそもそもの前提と矛盾する。

これこそ、ロールズ自身が見出した最大のディレンマ――「『正義論』第三部での安定性の説明が、その全体としての見解と整合しないことから生じる、〈公正としての正義〉に内在する深刻な問題[29]」――にほかならない。

選択肢は二つあった。すなわち、価値観の多様性を犠牲にしてまでもカント的解釈を徹底するのか、それともカント的解釈を取り下げて価値観の多様性を肯定するのか。

先ほど見たように、『正義論』以後しばらくのロールズは前者の路線をすすんでいた。しかし、彼は最終的に後者の途を選ぶ。そのマニフェストが「公正としての正義――政治的であって形而上学的ではない」(以下、「政治的・非形而上学的」と表記)である。

簡潔にいえばアイディアはこうなる。立憲デモクラシーにおいては、正義の公共的構想は、論争的な哲学的・宗教的教説から可能なかぎり自立しているべきなのだ。よって、このような構想を定式化するにあたり、私たちは寛容の原理を哲学それ自身に適用する。すなわち、正義の公共的構想は、形而上学的《メタフィジカル》ではなく、政治的《ポリティカル》なものでなければならない。
（「政治的・非形而上学的」三八八頁）

どういうことか説明しよう。まず注意が必要なのは、ロールズが使う「政治的」という用語は「形而上学的ではない」ことを指す専門用語《テクニカル・ターム》だという点である。それは一般の用法からは少し隔たっている。では、「形而上学ではない・政治的なもの」とは何を意味するのか。「哲学的・宗教的教説」が例に出されているように、この世界全体の成り立ちを把握しようとする知や態度のあり方を指して、ロールズは「形而上学的」とよんでいる。

そうした知や態度のあり方は、森羅万象への強い関心に裏づけられたものだ。その意味で形而上学的なものは包括的《コンプリヘンシブ》なものである。たとえば、聖書はありとあらゆるもの――世界の創世と来歴、人間の生きる意味や目的、現世をこえた事象――を述べ伝える点で、まさしく包括的だといえる。ただ、もし何らかの聖典の教えにのみ従って政治社会のあり方を決めてしまえば、現代では熱心な信仰者以外の人にとって耐えがたいものになるだろう。論争的な哲学上の考えについても同様のことがいえる。それゆえ、立憲デモクラシーでは、論争的な包括的教説が政治に直接もちこまれてはならない。

包括的教説と政治的構想

「政治的」とは以上のような包括性への志向をもたないことを意味する。それはあくまでも、政治社会のあり方のみを限定された主題とする。[30] のちほど詳しく論じるが、市民として共有可能な価値からつくられた考えのことを、ロールズは政治的構想とよぶ。こうして「論争的な包括的教説」と「共有可能な政治的構想」、およびそれぞれに対応する「包括的価値」と「政治的価値」を区別することが、政治的リベラリズムの大前提となる。対比的に記述すれば、次のようになるだろう。

包括的教説：宗教の教えや哲学の学説に代表される、この世界全体を意味づけようとする、きわめて広い射程をもつ教説のこと。いわゆる「世界観」のことを指す。「理にかなった多元性の事実」からすると、どれか一つが完全に正しいことはありえない。たとえば、包括的教説Aはある経典に従って、「胎児は受精卵の段階から人間であり、中絶は殺人である」とするが、包括的教説Bは哲学上の考えにのっとって、「胎児は快－苦を十分に経験できる存在ではなく、同様の条件に当てはまるような動物と区別する必要はない」とする。それぞれの支持者は自分たちの見解こそが真実だと信じているが、それらはいずれも論争的な価値観であり、政治に直接もちこまれると必ず争いや不和を招く。

政治的構想：政治社会の基本的なあり方という対象のために用いられる、限定された考えのこと。人権宣言や憲法に示されている歴史の試練を経た見解や、どのような生き方を選ぶのであれ共通して認めることのできる価値から作りあげられる。たとえば、「信教の自由」「自己決定権」「生命の尊重」といった複数の政治的価値をうまく結び合わせたとき、一つの政治的構想が成立する。

政治的構想や価値に限定した仕方で「公正としての正義」を再提示することによって、それが特定の価値観とのみでなく、多様な善の構想とも適切に結びつくものであることを示すことができる。まさしくこれが政治的リベラリズムの中心的主張となる。『正義論』から『政治的リベラリズム』への移行を画すこの変化は「政治的転回」とよばれる。

立憲デモクラシー

政治的リベラリズムへの「転回」とともに、立憲デモクラシーの擁護という点が一層強調されるようになっていく。これは、単純な手続き的デモクラシーとは異なり、個人の基本的権利や自由が憲法を通じて実効的に保障されうるデモクラシーを指す。[31] もちろん、その擁護は当初からの目的であった。ただし、『正義論』では「立憲デモクラシーをもっともよく基礎づけることのできる道徳理論は何か」という問いが立てられ、功利主義に対する契約論の優位性という応答がなされた。これに対して、『政治的リベラリズム』では「多様な価値観によって支えられる立憲デモクラシーはいかにして可能か」という問いが立てられる。

この新たな問いへの応答は、「重なり合うコンセンサス《オーバーラッピング》」によって与えられる。詳しくは後述するが、この考えの要点は、「多様な価値観をもつ人びとが、それぞれ異なった（しかし相互に信頼できる）仕方で、同じ政治的構想を安定して支持する」ということにある。このテーマを主題にした論文「重なり合うコンセンサスの観念」の冒頭で、興味深いことに、ロールズはこう宣言することから議論を始めている。

政治哲学の目的はそれが問いを投げかける社会によって定まる。立憲デモクラシーにおいては、もっとも重要な目的の一つは正義の政治的構想を提示することである。この構想は、政治的・社会的制度の正当化のための共有された公共的基盤を提供しうるのみならず、世代をこえた安定性を保証する一助にもなるものだ。

（「重なり合うコンセンサス」四二一頁、強調は引用者）

続けてロールズはホッブズに言及する。彼が生きた一七世紀のイギリスは、内戦や宗教戦争、さらにはペスト（黒死病）の危機にさらされた社会だった。主著『リヴァイアサン』は、実効的な共通権力が存在しない自然状態を「万人の万人に対する戦い」として設定し、この苛烈な状況を収束させるために、絶対的な権力をもつ国家《コモンウェルス》設立の必要を説いたことで有名である。ある意味でホッブズ理論の欠点を指摘することはたやすい。その世界観と人間像、自然法の導出過程、主権の絶対性、脆弱な答責性《とうせきせい》、これらはいずれも論争的である。だがホッブズは、彼の立てた問いに、そして彼の時代に応答することに、見事に成功している。[32]

ロールズが立てる問いはホッブズとは異なっている。紆余《うよ》曲折《きょくせつ》があるにせよ、今日の私たちは、この三世紀ほどで徐々に発展してきた立憲デモクラシーの制度・実践の受益者と想定してよいだろう。だとすれば、問われるべきは、新たな政体をゼロから創設することではなく、それを所与としたうえでのさらなる維持・発展だということになる。さらにそれは、理にかなった多元性の事実という新たな条件をふまえたものでなければならない。

公共的な政治文化

右のような問いの設定から政治的リベラリズムは出発する。よってそれは、当該社会が一定の公共的な政治文化を備えていることを前提とする。この文化は、各種の人権宣言や憲法、ロックの『統治二論』やミルの『自由論』といった政治思想の古典、重要な判例などに具体化されている。もちろん、メディアや大学をはじめ、さまざまなアソシエーションでの活動も重要な担い手となる。そこに示される定着した確信(奴隷制の拒絶や宗教的寛容など)は、立憲デモクラシーを支える暫定的な固定点とみなすことができる。

論文「重なり合うコンセンサスの観念」は、八六年にオックスフォードで開催された、法哲学者ハートの記念シンポジウムでの発表にもとづくが、そのときのタイトルは「民主社会における政治哲学」というものだった。また、価値の多元性に関しては、かつての留学時に同じく影響を受けたバーリンとの関心の近さが認められる。「いかなる社会もそれ自身の内部にあらゆる生き方を含むことはできない。……バーリンが長らく主張してきたように(それが彼の基本的テーマの一つであった)、損失《ロス》のない社会世界は存在しない」[33]。

バーリンはオックスフォードの中心人物のひとりだったが、生まれはラトヴィアのリガのユダヤ人であり、第一次世界大戦の圧力から逃れるため一二歳のときイギリスに亡命した。つまり彼は、イギリス、ロシア、ユダヤという三層のアイデンティティをもつ人物である。この来歴は、必ずしも相容れない複数の価値が存在することへの感性と、戦争や圧政を招き寄せる専制権力への嫌悪を彼に与えた。代表作「二つの自由概念」では、真の自己を実現することで達成される「積極的自由」と、他者からの干渉の不在を意味する「消極的自由」とを区別する。そのうえでバーリンは、積極的自由が専制政治によって濫用《らんよう》されてきたことに警鐘を鳴らし、消極的自由が人びとのまともな《ディーセント》生活にとって欠かせないものであることを強調した[34]。

価値の多元性の肯定は、あらゆる価値観を等しく肯定することを意味しない。たとえばそれは、立憲デモクラシーの公共的な政治文化を根本から拒絶する価値を認めない。もっともバーリンとロールズでは幾分関心が異なる。バーリンはロールズへの手紙で、「重なり合うコンセ

アイザイア・バーリン
写真：The Trustees of the Isaiah Berlin Literary Trust 2000-2020

ンサス」を称賛しつつ、しかし自分は西欧のそれに限定されないさまざまな社会のことも考察してみたいと述べている。また別の友人に対しては、このようなロールズの試みを、自分にとっては正直退屈だったとも吐露している。[35]

バーリンの指摘を敷衍すれば、次のような疑問が導かれるかもしれない。多元的な価値の肯定を目指す政治的リベラリズムは、結局のところ、一部の価値観や生き方だけに対象を限定しているのではないのか。この批判はしばしば政治的リベラリズムに向けられるもので、一定の意義をもっている。さらには、立憲デモクラシーとその公共的な政治文化を前提にすること自体の問題性を問いただすこともできるだろう。『リヴァイアサン』と同様、『政治的リベラリズム』を批判することはある意味でたやすい。

しかし、そのような批判は、ロールズが立てた問いに正面から向き合うものではない。『リヴァイアサン』は、ホッブズの問い——初期近代における主権的統治の擁護——に照らして読まれる場合にこそ十全な像を結ぶ。それと同様に、本書では『政治的リベラリズム』を、ロールズの問い——後期近代における立憲デモクラシーの擁護——に照らして読むことにしたい。それは、多様な価値観によって支えられる立憲デモクラシーはいかにして可能か、という今日ますます重要性を増しつつある問いでもある。

リベラルな正統性原理

理にかなった多元性の事実をふまえるならば、何か特定の包括的教説のみが絶対的に正しい、ということはありえない。そのような価値観はどこかしら論争的な部分を含んでいるため、もしすべての人びとに強要されるならば、必ず抑圧を招く。これは宗教的なものであれ世俗的なものであれ当てはまる。裏返していえば、強制力をもった政治権力の行使は、誰もが受け入れ可能な価値や手続きに照らして実行されなければならない。正義の構想が、共有された公共的基盤であるためには、包括的ではなく政治的である必要がある。

　政治的構想が適切なものになるために要請される手続きが「公共的理性《パブリック・リーズン》」である。「理性」という言葉づかいからは、何か公共的理性なるものが存在するようにも聞こえる。だがもちろん、公共的理性は形而上学的な実体ではない。「公共的理性とは要するに、平等な市民にふさわしい理由づけ《リーズニング》のやり方である」[36]。この用語は、平等な市民のあいだで交わされるべき「公共的な価値や手続きによる理由づけ・推論」くらいの意味で理解して問題ない。第一章で見たように、これはロールズにとって大学院での倫理学研究のころから継続する関心でもあった。

　ロールズは、「平等な市民」という語も、通常より限定された意味で用いる。まずそれは、先述した合理性と道理性という二つの道徳的能力をもつ規範的観念である。さらにそれは、政治社会の誰もがその影響を受けることになる、強制力をもった法の制定や執行に関与するかぎりでの人びとの関係性に該当する。それゆえ、さまざまなアソシエーションや親密圏における人びとの関係性は、必ずしも市民間のそれである必要はない。それらは包括的価値に部分的にもとづくものであってもよい。

同じ社会で生きる一人ひとりが、互いに面識がなくとも正義にかなった制度を介してつながりをもつとき、平等な市民の関係は成立する。その実現のために、公共的理性は、憲法の内実が平等な市民にとって受け入れ可能なものであることを要請する。[37]これが、「リベラルな正統性《レジティマシー》原理」とよばれる、政治的リベラリズムの中心的主張になる。

> 政治権力の行使が適切なものに、したがって正当化可能になるのは以下の場合にかぎられる。すなわちそれは、すべての市民が、道理的かつ合理的な存在としての自分たちに受容可能な原理と理念に照らして是認するのを理にかなった仕方で期待できる、そうした本質事項をもつ憲法に従って政治権力が行使される場合である。
>
> (『政治的リベラリズム』講義6、§2・1)

つまり、政治的リベラリズムは「正義にかなった憲法」と不可分である。より具体的にいえば、公共的理性は、「憲法の本質事項」と「基本的正義の問題」という二つの重要な政治的論点を議論する場合に要請される、理由づけのやり方になる。[38]

前者は、基本的諸自由、形式的な機会の平等と市民の基礎的ニーズに見合う社会的ミニマムに相当する、憲法の中心にある価値をカバーするものだ。いかなる党派が政権を担うのであれ、この憲法の本質事項についてはたしかな同意が必要とされる。さもなければ平等な市民の関係は成立しない。また、同意が存在しても弱ければ、政府（与党）と忠実な反対勢力《ロイヤル・オポジション》（野党）からなる立憲政体は不安定なものとなる。[39]

後者は、憲法の本質事項には入らないが、正義の実現になお強くかかわる基本的な論点のことである。妊娠中絶や同性婚、持続可能な財政や租税制度をめぐる論争はこれに該当する。先述の社会的ミニマムをこえた、厚みのある平等の構想もまた基本的正義の問題となる。こうした争点への対処は、社会的・経済的な状況やデータをふまえた具体的立法を必要とするため、裁判所だけでは判断を下しきれないからだ。そこには正統な政策立案の余地がある。[40]

公共的理性（理由づけ）

公共的理性はすべての市民にかかわるが、そのなかでも主要な担い手として、重要な公職にある人びとを想定する。なぜなら、議会における政治家の質疑や討論、あるいは選挙における公約やスピーチが論争的な包括的教説にもとづくとしたら、それらは疑いなく抑圧をともなう事態をもたらすからだ。たとえば、特定の宗教の教えにもとづいて政治が行われるような場合である。判事についても同様であり、とりわけ最高裁は公共的理性の範例とみなされる重要な位置を占める。[41]

次のような仮想事例を考えてみよう。この架空の社会では同性婚が認められてこなかったが、最高裁が違憲判決を下し、その権利を認めるべきだとした。だがその際、判事たちは次のような倫理学者の主張を理由づけに用いた。すなわち、二者間の継続する親密な関係性こそは性的指向にかかわりなくもっとも卓越した価値の一つであって、ゆえにそれは、万人にとって法的に利用可能なものにされなければならない。

同性婚を認めるこの判決結果に賛同する人は少なくないだろう。しかし、この理由づけは論争的な価値にもとづいている。なぜなら、結婚することに比べて独り身でいることが劣った人生だとは断言できないはずだからである。さらに将来的には、必ずしも血縁や性愛関係にない、複数人によるケア関係の形成が一般化するかもしれない。[42]それゆえ、公共的理性の考えからすると、判事はこのような論争的な理由づけを避けなければならない。公共的理性は、結論だけではなく理由づけの仕方をも重視する。

この事例はまた、いわゆる進歩的《プログレッシブ》な価値観と政治的リベラリズムが必ずしも一致しないことを示している。もちろん政治的価値にもとづいて同性婚が正当化されることは大いにありうる。だがそれは、特定の善の構想をナイーヴに参照するような論法には、あくまで慎重な態度を崩さない。リベラリズムの古典たるミルの『自由論』のフレーズを借りていえば、「改善《インプルーブメント》の精神は、必ずしもつねに、自由《リバティ》の精神であるわけではない」[43]。改善の精神は自発性を欠いた強制を時に押しつけてしまう。政治的リベラリズムは、対照的に、寛容の原理に根ざすリベラルな精神を受け継ぐものである[44]。

市民は、通常、適格な公職者を選ぶプロセスを通じて、間接的に公共的理性にかかわる。各種のメディアで一般の人びとが発表する幅広い意見や言説には、特段の制約は課されない。ただし、憲法改正をめぐる国民投票のような場合は、直接的にも携わることになる。そのとき各人は、私的な観点ではなくすべての市民に共通する観点から、それが受容可能かどうかを判断せねばならない。「相互性《レシプロシティ》の基準」にもとづくこの考え方は、ルソーやカントの伝統的な契約論の理念——自由で平等な市民にふさわしい基本法はいかなるものであるべきか——に連なるものだ。

公共的理性は論争的な包括的教説を公共的フォーラムから取り除く。何らかの包括的価値にもとづく総体的真理《ホール・トゥルース》は、公共的な理由づけに用いられることはない[45]。哲学や宗教上の真理をめぐる議論は、もちろん大学や教会では認められるが、政治に直接もちこまれることはない。この理由づけのやり方によって、理にかなった多元性の事実にふさわしい、抑圧的でない政治への道すじが示される。いうまでもなく、重要な政治争点に該当しない多くの立法や政策については、よりゆるやかな理由づけが認められる。

しかし、対象や方法が限定されているとはいえ、公共的理性の制約は依然として強すぎると考える人もいるかもしれない。とりわけ、何らかの包括的教説を心底から支持する人びとにとってはそうだろう。実際、ロールズはこうした批判に応答している。そこでは包括的教説と政治的構想との関係についてのより入念な見解が示される。これについては第五章で再論する。

安定性の問題と「重なり合うコンセンサス」

公共的理性によって、何らかの政治的構想が認証されたとしよう。だが話はここで終わりではない。『正義論』においても、原初状態から導かれた「公正としての正義」が、実際の人びとによって受け入れられること（正と善の合致）は、きわめて重視されていた。先述した「安定性の問題」である。『政治的リベラリズム』においては、この問題への応答は「重なり合うコンセンサス」によってなされることになる。

〔安定性の問題は〕デモクラシーの公共的な政治文化を特徴づける一般的事実（とりわけ、理にかなった多元性の事実）に照らしてみた場合、政治的構想が重なり合うコンセンサスの焦点となりうるかという問いである。本書では、このコンセンサスを、（政治的構想が定める）正義にかなった基本構造のもとで、諸世代にわたって存続し支持者を得るような、複数の理にかなった包括的教説からなるものだと想定している。

（『政治的リベラリズム』講義4、§2・1）

さまざまな理にかなった包括的教説が、それぞれ異なった仕方で、同一の政治的構想を支持していること。これが重なり合うコンセンサスの基本的なイメージとなる。多数の包括的教説から支持される政治的構想の性質は、モジュールにもたとえられている。[46] つまりそれは、さまざまな用途に利用可能な基本部品のようなものなのだ。

図式化して説明しよう。たとえば図中の①②③のように、三つの異なった価値観が「公正としての正義」という同一の政治的構想を支持する状態を、ロールズは重なり合うコンセンサスのモデルケースとして描いている。[47]

二点を補足しておきたい。第一に、単一の総体的真理を追求してきた伝統的な哲学とは異なり、政治的リベラリズムにとっては非包括性は嘆くべきことではない。第二に、これらはみな「理にかなった」ものであることが求められる。

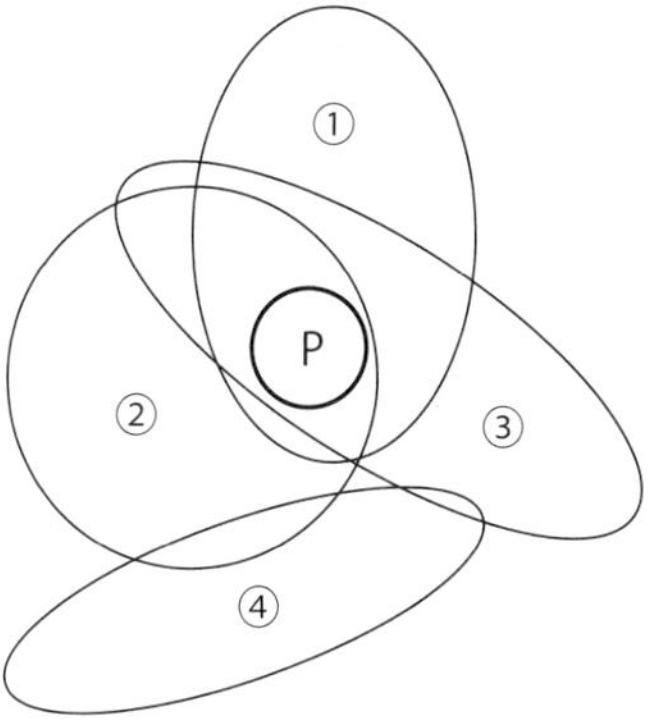

P＝政治的構想としての「公正としての正義」
① その内部に他の宗教への寛容を含むような宗教的教説
② カントやミルの自律の理念にもとづくリベラルな包括的教説
③ 特定の包括的価値に依拠せず、政治的価値に愛着を抱くゆるやかな善の構想
④ 平等な市民として共有可能な政治的構想を拒否する、理にかなっていない包括的教説

重なり合うコンセンサス

すなわち、正義にかなった仕方で社会的協働に参加する心構えを備えている必要がある。逆にいえば、市民として共有可能な価値からつくられた政治的構想を是認できない包括的教説は、そのかぎりで「理にかなっていない」ものになる（図の④）。

さまざまな価値観をもつ人びとは、それぞれ異なった仕方で政治的構想を支持する。『正義論』での「正と善の合致」は、こうして「重なり合うコンセンサス」によって置き換えられる。だがこれは、「合致」の考え自体の否定を意味しない。たとえばカントの道徳理論による基礎づけは、なお有効な選択肢の一つである。ただしそれは、包括的教説にもとづくため、理論家がこの道しかないと断言してはならない類のものである。政治的リベラリズムが目指すのは、人びとがそれぞれ独自の仕方で正義の構想を支持することのできる、そのような理路を示すことに限定される。

端的にいえば、重なり合うコンセンサスの目的は「正と善の合致」の拒絶ではなく、その多元化である。[48] たしかに安定性の問題への回答の仕方は大きく変化した。しかしこれは、ロールズの基本的な問題関心——人びとが自ら固有の善の構想にもとづいて、正義の原理を心底から受け入れること——の変化を意味しない。この点でも『正義論』と『政治的リベラリズム』は連続しているのである。

重なり合うコンセンサスは、それぞれの善の構想内部からの積極的な支持によって成立する。そしてこの点で、暫定協定（modus vivendi）とは明確に区別される。これは、戦力の消耗や戦局の膠着《こうちゃく》を受けて、当事者間で結ばれる協定のことである。だが、暫定協定は打算にもとづくため、力のバランスが変化すれば破棄されてしまう可能性が高い。重なり合うコンセンサスは、それとは対照的に、多元的な仕方で積極的に是認されているため、そうした状況の変化にもかかわらず安定したものであり続ける。[49]

理にかなった多元性の事実からすると、人びとが完全な相互理解に至ることは前提からして不可能である。言い換えれば、私たちは理解不能な部分をもつ他者とつねに共生していかねばならない。そのような状況は往々にして誤解や不信を招き寄せる。しかし、だからといって、特定の包括的教説に依拠して統合をはかる試みは必ずや抑圧的なものとなる。政治的リベラリズムの問いかけをあらためて確認しておこう。

自由かつ平等な市民がさまざまな宗教的・哲学的・道徳的教説によって深く隔たったままであり続けるとすれば、そうした市民たちからなる正義にかなった安定性をもつ社会が時代をこえて存続することは、いかにして可能となるだろうか。

（『政治的リベラリズム』講義1、序文）

重なり合うコンセンサスは、同一の正義の構想が、さまざまな価値観をもつ人びとによって多様な仕方で肯定される可能性を示すことによって、この問いへの回答を与えるものとなる。

そのとき、政治的構想は「政治的・社会的制度の正当化のための共有された公共的基盤」であることができる。政治的リベラリズムが目指すのは、価値の画一化やトップダウンの統制による安心ではなく、価値の多元化や複雑化を受け入れながらも、実現可能な信頼に支えられた社会なのである。

ハーバーマス＝ロールズ論争

一九九三年に出版された『政治的リベラリズム』はふたたび大きな注目を集めた。ただし、必ずしも好意的な反応だけではない。リベラリズムに批判的な論者はもとより、『正義論』を支持していた人のなかにも、『政治的リベラリズム』はそれほど評価できないという反応を示す者は少なくなかった。この本もまた激しい論争をよんだ。早い段階で提起された重要な批判として、ユルゲン・ハーバーマス（一九二九〜）によるものがある。[50]九五年、『ジャーナル・オブ・フィロソフィー』誌上で、彼が「理性の公共的使用を通じた和解」を発表し、ロールズは「ハーバーマスへの返答」で応答した。戦後ドイツを代表する理論家たるハーバーマスの関心と著作は多岐にわたるが、彼もまた、自由で平等な市民からなる社会国家（福祉国家）について深く考察をめぐらせた人物である。

ハーバーマスは当初、そうした社会に潜む陥穽《かんせい》や限界（公共圏の脱政治化）を批判していた。だが、八〇年代以降、一方での新自由主義の伸長と、他方での市民的政治活動の成果を受けて、むしろそのポテンシャルを積極的に探るようになる。それはまた、より妥当な論拠を追求する、自律的公共圏における「協議の政治」を評価するものでもあった。[51] 彼の理論は、デモクラシーをたんなる多数決や利益の集約ではなく、より説得力をもった理由の交換のプロセスとしてとらえる、熟議デモクラシー論に大きな影響を与えた。

ハーバーマスは、公共的正当化のプロセスにおいて、依然として正義の二原理が憲法や立法をいわば上から統制すると考えている点で、ロールズは実際の政治活動に十分な配慮を払っていないという。たしかにロールズはリベラリズム（法の支配）を、ハーバーマスはデモクラシー（市民の政治参加）を、それぞれ相対的に重視しているところがある。ただし、価値の多元化した社会にふさわしい社会統合を追求する点で、両者は基本的に多くを共有しており、対立しているとまではいえない。

ユルゲン・ハーバーマス

政治的リベラリズムについてのもっともクリティカルな批判は、「重なり合うコンセンサスは、完全には正義にかなっていない実践や文化を温存してしまうのではないか」というものだ。ハーバーマスによれば、「事実上の受容」と「正当化を経た受容可能性」とは区別されなければならない。重要なのはもちろん後者である。だが、重なり合うコンセンサスにおいては両者が明確に分節化されていない。ゆえに、理にかなっていないものは無論除外されるにせよ、事実的《デ・ファクト》に通用している価値への批判がどうしても弱まる。

ハーバーマスの懸念はゆえなきことではない。たとえば『政治的リベラリズム』では、功利主義もまた、重なり合うコンセンサスによって支持可能な包括的教説の例として挙げられている。[52]功利主義は大抵の場合、もちろん理にかなった構想たりうるだろう。しかし、第一章、第二章で見たように、それでも不正義の余地が残るゆえに、まさしく『正義論』は書かれたのだった（功利主義には不正な意識や理由を計算から排除できない、全体の福利のために少数者の権利が制約されうるなどの弱点があった）。その時点でのロールズは、もっとも妥当性をもつ正義原理を擁護したうえで、他の考えを批判的にとらえ返そうとしていた。

『政治的リベラリズム』では、現存するさまざまなものにまず目を向け、そこから共有可能な価値を練り上げていく方向に重点がおかれる。このことは、カントとならべてヘーゲルが高く評価されるようになったことにも関連している。『法の哲学』で示される、理性的なものと現実的なものとの和解の観念を、後期ロールズは積極的に受けとめている。[53]ハーバーマスとロールズの論争、もしくは『正義論』から『政治的リベラリズム』への転回は、ある意味でカントとヘーゲルの関係になぞらえることができる。単純化していえば、抽象性と具体性、あるいは理想と現実、どちらをより重視するかという論点である。

これは容易に結論を下せない難問である。ただし、重なり合うコンセンサスの考えからすれば、さまざまな包括的教説の焦点となる政治的構想は、現実からまったく離れたものであることはできない。いまやロールズはこう述べる。「〔重なり合うコンセンサスを論じるにあたり〕政治的構想は実行可能なものであって、可能性の技術《アート》の領分に属するものでなければならないということに同意しよう」[54]。

この「可能性の技術」という言葉は、鉄血宰相として有名なビスマルク（一八一五〜九八）に由来するが、丸山眞男は次のような解釈を与えている。「しかし政治はまさにビスマルクのいった可能性の技術です。……つまり、現実というものを固定した、でき上がったものとして見ないで、その中にあるいろいろな可能性のうち、どの可能性を伸ばしていくか、あるいはどの可能性を矯《た》めていくか、そういうことを政治の理想なり、目標なりに、関係づけていく考え方、これが政治的な思考法の一つの重要なモメントとみられる。つまり、そこに方向判断が生れます」[55]（強調は原文）。

すなわち、現実に目を向けることは必ずしも現状追認を意味しない。あるいは、現実を配慮することはあるべき方向性を見定めることと矛盾するものではない。重なり合うコンセンサスもまた、この意味での「可能性の技術」を目指すものだと考えられる。

正義と正統性

二つの主著の違いについては、正義《ジャスティス》と正統性《レジティマシー》との関係の観点からも有益に考えることができる。ロールズの規範理論的な用語法では、正義は「もっとも理にかなった特定の構想」に、正統性は「複数の理にかなった構想」に、それぞれ照準するものとなる。『正義論』の主題が正義だったとすれば、『政治的リベラリズム』においては正統性が前面に出てくる。

先述した「リベラルな正統性原理」はその代表例である。この原理は、憲法の内実が市民にとって受容可能であることを要請したが、その条件を満たすものは「公正としての正義」に限定されない。たとえば、格差原理ほど強くないにせよ、一定以上の平等への配慮を払うような構想は、立憲デモクラシーを支える正統な基盤たりうるだろう。

当初ロールズは、「公正としての正義」をもっとも理にかなった構想だとなおも考えていた。だが、九六年のペーパーバック版への序論では、重なり合うコンセンサスの焦点をなすものとして、一群の（a family of）正統な政治的構想が存在しうることが一層強調されるようになる（初版の『政治的リベラリズム』は全八章〔講義〕だったが、ペーパーバック版の公刊にともない、この新たな序論と、第九章として「ハーバーマスへの返答」が追補された）。

この論点についてはロールズ研究上でも評価が分かれているが、『政治的リベラリズム』の独自性に注目するならば、正義と区別された正統性はキーコンセプトとなる。[56]「理にかなった多元性の事実」からすると、原初状態によって「公正としての正義」を端的に導出するだけではなく、その社会固有の政治文化から共有可能な価値を練り上げていくことも重要となるからだ。これは公共的理性のプロセスに相当するが、それは複数の可能なオプションからの選択を含むという意味で、まさしく正統性の領域に相当する。

そこでは、たんに妥当な道徳原理を導出するのみならず、実際の憲法や立法への関与も重要になってくる。こうした公共的理性の実践は、翻って、コンセンサス自体にも変化をもたらす。これはまた、合衆国の憲政史における創造的な時期——憲法制定期、南北戦争からの再建期、ニューディール期——に実際に生じた事態とも符合するものだ[57,58]。重なり合うコンセンサスは、公共的理性の実践に安定性を与えると同時に、実際の正当化プロセスを通じた再解釈にもひらかれている。

こうして正統性に注目して解釈するならば、『政治的リベラリズム』はまさしく「政治的」な側面をもった著作だといえる。だがもちろん、正義と正統性は区別されるが、相互に矛盾するものではない。長期的な理想、来《きた》るべき社会を指し示すという重要な役割を正義はもっている。『正義論』と『政治的リベラリズム』は、そうした違いをもつゆえに、相補的なものとして読むこともできる。アリストテレスに倣っていえば、「善き立法家と真の政治家は「絶対的に最善」の国制と同時に、「状況からみてできるかぎりの最善」の国制を念頭にいれておくべきだからである[59]」。

第三章小括

本章では、二つの主著の関係ならびに政治的リベラリズムというアイディアの内実を論じてきた。当初、カントの見解に大きく依拠していたロールズは、理にかなった多元性の事実をシリアスに受け止め、政治的転回を遂げた。たしかにそれは、新たな問いの立て方、政治的構想と包括的教説の区別、公共的理性や「重なり合うコンセンサス」といった理論的枠組み、正統性への注目などの変更をともなうものだった。しかし、さまざまな価値観をもつ人びとが共存可能となる正義にかなった社会の探究と擁護において、『正義論』と『政治的リベラリズム』とは連続しているのである。

右に記した「連続」という点について、一つだけ補足しておきたい。従来、この二つの主著、あるいは前期ロールズと後期ロールズの思想は「断絶」していると論じられてきた。いわく、どのような時代や社会であっても通用すべき普遍的な正義から、現在の私たちが受け入れている伝統や実践をふまえた特殊な正義へと、主題が正反対に転向したのだ、と。

しかしこの主張は、ロールズの理論的転回の程度を過度に見積もったものだといわざるをえない。第二章で見たように、『正義論』の出発点は、立憲デモクラシーという歴史的伝統にもとづく政治文化であった。それが目指す普遍性は、すでに特定の重要な価値を前提にしたものだったと考えてよい。また、『政治的リベラリズム』は価値の多元性について一層センシティヴになったが、このことはより妥当な正義の追求を否定するものではない。予告的にいえば、このようなスタンスは次章で見る「現実主義的ユートピア」の考えとも共通するものだ。ロールズにおいては、普遍性と特殊性は「あれかこれか」の二者択一ではなく、ともに反照的均衡に付されるべき考慮事項となる。

もちろん、そのバランスをいかにとるべきかは難しいテーマである。しかし、理にかなった多元性を事実として受け入れるなら、「時代を超えて目指すべき正義」と「当面の妥当性をもつ複数の正統性」との実り豊かな緊張関係を維持することの重要性は、今なお少しも薄れていないといえる。

第四章
国際社会における正義
『万民の法』で
模索した現実主義

『万民の法』

1971　ニクソン・ショックによるブレトン・ウッズ体制の終焉
1973　変動相場制に移行、国際的な資本移動の自由化がすすむ
1979　ベイツ『国際秩序と正義』
1989　12月 冷戦終結
1991　湾岸戦争、ユーゴスラビア紛争
1993　アムネスティ講義「万民の法」
1997　温室効果ガスの削減目標を定めた京都議定書の採択（2005年発効）
1999　『万民の法』
2002　ポッゲ『なぜ遠くの貧しい人への義務があるのか――世界的貧困と人権』
2006　ヤング『正義への責任』
2009　セン『正義のアイデア』
2013　ピケティ『21世紀の資本』
2019　フォレスタ『正義の影で』

国際的な正義の構想の提示

『正義論』では、正義の構想の射程は国内の社会に限定されており、国際的な正義の構想については付随的な言及にとどまっていた。[1] ロールズは、一九八〇年代末ごろから国際社会における正義の構想の探究に正面から取り組み、九三年の「万民の法」と題するオックスフォード・アムネスティ講義を経て、九九年に『万民の法』(*The Law of Peoples*)を上梓《じょうし》するにいたった。

すでに七〇年代末にはチャールズ・ベイツ(一九四九〜)の『国際秩序と正義』(一九七九年、原題は『政治理論と国際関係』)が出版されており、国際的な正義に関する規範的な研究は本格的な展開を見せはじめていたが、ロールズの『万民の法』は論争的な問題提起を含んでおり、国際的な正義の構想をめぐる議論を大いに活性化した。

諸人民からなる社会

さて、The Law of Peoples というタイトルが示すように、ロールズが考える国際社会は、諸々の「人民《ピープルズ》」からなる社会（Society of Peoples）であり、「国家」からなる社会でも、「国民《ネーションズ》」からなる社会でもない。「人民」は市民の集合体を指す名称だが、「一般の民衆」という含意もある。「諸人民の法」、「諸人民からなる社会」がより精確だが、慣行に従い、本書でも「万民の法」、「国際社会」という言葉を用いる。

ロールズが「国家《ステイツ》」という語を用いないのは、それが「主権」と切っても切り離せない関係にあるからである。他の著作においても「国家」の使用はごく限定的であり、それに代えて「政治社会」という言葉が用いられている（ちなみに『正義論』でも『政治的リベラリズム』でも「国家」は索引項目に含まれていない）。主権は、各国にいわば制約されない自律性を与える観念であり、対外的には伝統的な交戦権を、対内的には排他的な支配を正当化する。後述するように、ロールズ自身もある種の現実主義にコミットするが、それは、主権国家間の勢力均衡といった意味での「リアリズム」ではない。

他方、ロールズが「国民《ネーションズ》」という言葉の使用を避けるのは、それが民族的な同質性の意味合いをもつと考えているからであろう。対照的に、「ピープル」には「さまざまな異なる民族的・国民的背景を有する諸集団」からなるという含意がある。[2]

現実主義的ユートピア

『万民の法』の「現実主義」は、あらゆる社会がリベラルな形態をとりうるわけではないという見方に端的に示される。理想的な国際社会は、リベラルな社会のみならず、ロールズが「まともな《ディーセント》」——翻訳では「良識ある」という訳語が採られている——とよぶ社会からも構成される。

まともな社会では、リベラルな社会とは違い、政教分離の体制はとられず、政治的平等も保障されない。信教の自由は保障されるけれども平等なものではなく、政治的な異議申し立てのルートは確保されているものの、「諮問階層制」とよばれるヒエラルキーがある。仮想上のまともな社会を表す「カザニスタン」(Kazanistan)という呼称が示唆するように、ロールズの念頭にあるのは、たとえばイスラームを国教と定め、その教えにもとづいて秩序が形成・維持されるような社会である(もちろんヒンズー教や仏教などがそれに該当しないわけではない)。ロールズは、この種の社会における正義の構想が特定の宗教的な包括的教説にもとづくことから、それを正義に関する「共通善的観念」ともよぶ。[3]

なぜ、ロールズは理想的な国際社会にリベラルではない社会をあえて含めたのだろうか。それは、消極的にいえば、国際社会を敵意や恨みが充満する社会にしないためであり、積極的にいえば、他の人民を劣位化することを避け、互いのあいだに「しかるべき敬意《デュー・リスペクト》」をともなった対等な——相互性の基準を満足させる——関係を築くためである。

このように、ロールズの議論において、諸人民間における寛容は、劣位の者に対する「許容」としての寛容ではなく、対等な者に対する「尊重」としての寛容である。この意味での寛容が成り立つためには、他の人民の生き方に変容を迫るような文化帝国主義的な振る舞いは避けられねばならず、リベラルな社会の「魅力」だけが変化を導く誘因であり続けなければならない。

ロールズは自らの立場を「現実主義的ユートピア」とよぶ。ここでの「現実主義」は、正義の構想が現行の政治的・社会的な制度や慣行から遊離するのではなく、それらに適用可能であることを指すが、もう一方の――「現実主義の陥穽」に抗する――「ユートピア」の要素はどこに見出されるだろうか。ロールズによれば、その役割は、「現実的な政治的可能性の限界とみなされているものを押し広げる」ことにある。[4]「ユートピア」は、「どこにもないところ」に抽象的に描かれるわけではない。それは、国際社会におけるこれまでの実践・慣行から引きだされる。国内の正義の構想の場合と同じように、すでに国際社会の実践・慣行に内在するとみなされる「正当化の共通基盤」を「適正な反省を通じて明るみに出す」というアプローチがとられるのである。[5]

「万民の法」の内容

国際社会の実践・慣行に内在する規範は次の八つの原理として定式化される。[6]

①各人民は自由かつ独立であり、その自由と独立は、他の人民からも尊重されなければならない［自由と独立の尊重］
②各人民は条約や協定を遵守しなければならない［条約・協定の遵守］
③各人民は平等であり、拘束力をもつ取り決めの当事者となる［対等な地位の承認］
④各人民は不干渉の義務を遵守しなければならない［不干渉の義務］
⑤各人民は自衛権をもつが、自衛以外の理由のために戦争を開始するいかなる権利ももたない［開戦の正義］
⑥各人民は諸々の人権を尊重しなければならない［人権の尊重］
⑦各人民は戦争の遂行方法に関して、一定の制限事項を遵守しなければならない［交戦の正義］
⑧各人民は、正義にかなったないしはまともな政治・社会体制を営むことができないほどの、不利な条件のもとに暮らすほかの人民に対して、援助の手を差し伸べる義務を負う［援助の義務］

ロールズによれば、国際社会において共有されるべき制度の指針となるこれらの原理は、リベラルな社会の人民のみならず、まともな社会の人民にとっても受容可能なものである。社会契約の手続きは万民の法にも適用され、「第二の原初状態」(無知のヴェールゆえに諸人民の交渉力に差がない公正な状況)で合意されうる。[7] ただし、『正義論』での「第一の原初状態」とは違い、複数の有力な正義の諸構想が比較検討されるのではなく、この八つの原理(とその解釈)が受容可能なものであるかどうかが検討される、という形をとる。

この議論において、万民の法の内容と解釈を提起するのは、あくまでもリベラルな社会の側である。それがまともな社会の正義の諸構想との照らし合わせ(反照)によって修正されうるというフィードバックの回路は設けられてはおらず、万民の法がリベラルではない社会にとっても十分に受容可能だという推量が示されるにとどまる。

これらの諸原理からなる「万民の法」を諸々の社会が遵守する場合には、理想的な状況がもたらされる。とはいえ、それを遵守しない社会ないしは良好な条件に恵まれない社会が存在する非理想的な状況をも理論は想定しなければならない。対外的に拡張戦争を引き起こすか、対内的に人権を侵害する(ないしは人権侵害を放置する)国家が「無法国家《アウトロー・ステイツ》」とよばれ、不利な条件ゆえに他の社会からの援助を要する社会が「重荷を負った社会」(burdened societies)とよばれる。これらに加え、他の人権を保障するものの政治的な発言権を成員に対して認めない社会——中東の一部の諸国がロールズの念頭にある——が「仁愛的絶対主義」(benevolent absolutism)とよばれ、非理想的な社会として扱われる。[8]

人権の解釈

人権を成員に保障しえているか否かによって、リベラルな社会およびまともな社会がそれ以外の社会から区別される。この両社会にとって受容可能・遵守可能なものでなければならないのであるから、万民の法の人権は、当然、「公正としての正義」が掲げる（そしてリベラルな社会の憲法によって保障される）基本的な諸権利とは異なっている。

ロールズが挙げるのは、「生存権（生活手段と安全への権利）、自由権（奴隷状態・隷属・強制労働からの自由の権利、信教の自由と思想の自由を保障するのに十分な程度の良心の自由の権利）、財産権（私有財産の権利）、自然的正義の諸ルールに表されるような形式的平等（つまり、同様の事柄は同様の仕方で取り扱わなければならないということ）」[9]。これらに加えて、「大量殺戮《さつりく》やジェノサイドからの民族集団の安全保障」という集団的な権利も挙げられる。[10]

先にも触れたように、まともな社会では、信教の自由を含む良心の自由は平等に保障されるものではなく、また、平等な政治的自由も人権には含まれない。ただし、「女性に対する平等な正義の原則《エレメンツ》」は保持されており、支配的な宗教によっても女性の男性への隷属は支持されない、とされる。[11] この「女性に対する平等な正義の原則」は、たとえば女性にも男性と同じだけの教育の機会をひらくことを求めるのかなど、万民の法の解釈において、リベラルな社会とまともな社会のあいだで解釈の違いが顕在化しやすい要素の一つだろう。

これらの人権が保障されない場合には、「正当な理由のある強制的介入」（外交的制裁や経済制裁による介入、深刻な場合には軍事力による介入）を許す可能性が出てくる。[12] つまり、内政不干渉の原則は絶対的なものではなく、人権侵害を自ら引き起こしたり、それを放置している国家に対しては「不干渉の義務」は適用されなくなる。このロールズの考えは、二〇〇〇年代以降、実際に国際社会において規範として承認されつつある「保護する責任」の観念に通じるものである。

交戦の正義

対内的な人権侵害は「無法国家」の一面であるが、もう一つの面は対外的な拡張をはかる攻撃的な戦争を行うことである。ロールズは、そうした攻撃が相当程度の脅威である場合に自衛戦争が正当化されるとする。リベラルな社会にとっては、「市民の基本的諸自由と立憲デモクラシーの政治制度を守り、保持する」ことが自衛戦争を正当化する理由だが、人権を尊重するおよそいかなる社会も領土侵犯から自らを防衛する権利をもっている。[13]

ロールズは、「交戦の正義」（jus in bello）については踏み込んだ議論をしており、この主題に関する彼の並々ならぬ関心が窺われる。第五章でより詳しく述べるが、そのもっとも重要な原則は、戦闘員と非戦闘員を区別し、後者に対する攻撃を極力避けることである。ロールズは、原爆の投下はもとより、民間人をも最初から標的とした焼夷弾《しょういだん》による空襲を「交戦の正義」に背く典型的な事例として挙げている。[14] 彼によれば、すでにこの戦争末期には勝敗は決していたのであり、アメリカは壊滅的な打撃を加えるのではなく、戦争の終結に向けた交渉に入るべきだったのである。[15]

援助の義務

ロールズは、国際社会を諸人民《ピープルズ》からなるものと考え、諸個人《インディビジュアルズ》からなる社会とは考えない。コスモポリタニズムとは違い、国際社会には諸個人間の社会的・経済的な不平等をコントロールする分配原理が適用されないのも、この社会では、個人間の比較は意味をなさないと見るからである。

万民の法が求めるのは、リベラルおよびまともな社会が不利な条件を負っている社会に対して「援助の義務」を履行することと以上のものではない。援助を通じてその不利が解消されるなら、その目標は達成される。援助はその時点で切り上げられ、再分配へとつながることはない。援助義務はあくまでも「移行期の原理」である。[16]

問題は、ロールズによって何がその「不利」とみなされているかである。彼が挙げるのは、制度や慣行を規定している政治的・文化的伝統、人的資源とノウハウ、物質的・技術的資源などであり、自然資源が少ないことはその決定的な要因とはみなされない。[17] したがって、援助の内容も、制度を再構築していくための教育・訓練や技術の移転であり、物質的な支援をともなうとしてもそれがメインではない。

トマス・ポッゲとマーガレット・ロールズ
photo courtesy of Thomas Pogge

このように不利をもっぱら国内的要因に帰すロールズの議論を、彼のもとで学んだトマス・ポッゲ（一九五三〜）は「説明的ナショナリズム」とよんで批判した。[18] ポッゲが重視するのは、その不利をもたらす国内的ではない要因、つまりWTO（世界貿易機関）のようなグローバルに共有される制度や、対内的な正統性を欠く政権にお墨付きを与え、事実上の特権――「国際資源売却特権」や「国際借款特権」――を与えてきた国際社会の慣行などである。それ以外にも植民地支配のもとでの収奪や（ネルソン・マンデラが「密猟」ともよんだ）人的資本の国外流出などを付け加えることができるだろう。実際、「資源の呪い」という言葉もあるように、資源の豊かな社会ほど権力闘争や内戦に苦しみ、経済的な発展を妨げられる事態――こういうケースでは「重荷を負う社会」と「無法国家」は事実上重なり合う――も散見される。これを純粋に国内的な問題と見ることには無理がある。

ロールズ自身も、国際社会における基本構造の重要なパートを占める「貿易や相互援助についての共通の制度」が不正な分配の効果をもたらしうる可能性に言及し、その是正を求めてはいる。[19]とはいえ、ロールズの議論は、明らかに、国際社会におけるグローバル化の進展、つまり垂直的な分業のシステムが形成され、生産や消費のほとんどにそうしたシステムが介在する事態に沿ったものではない。ロールズは、流動性が著しく高い状態を理想的とはみなさなかったし、それぞれの社会をより自足的なものとしてとらえていたように思われる。

人の移動と国境

ロールズは、政治社会を「出生によってのみ参入し、死によってのみ退場する」空間として描いている。それは、事実上の強制というよりも、リベラルないしまともな社会であれば、人びとは自分が生まれ育った社会にとどまり、そこで暮らすことを望むはずであるという見方による。彼によれば、適度な愛国心は、自社会に対するコミットメントという点でも涵養されるべき徳性の一つである。

ロールズは、宗教的マイノリティの国外移住の要求には真剣に応じるべきだとするなど、[20]マイノリティに対する迫害、政治的抑圧、飢饉、人口圧力などいわゆる「プッシュ要因」を人びとに移動を強いる要因として挙げている。[21]これらの要因は、国内の秩序が再編されれば自ずと解消されるはずであり、移民問題はそれにともなって深刻な問題ではなくなるはずである、というのがロールズの見通しである。他方、国際的な人の移動には「プッシュ要因」のみならず、多様なライフチャンスや収入格差など「プル要因」も作用していること、そして、この要因は理想的な状況にあっても消え去りはしないという認識はきわめて薄い。

移民倫理研究の第一人者であるジョセフ・カレンズ（一九四五〜）が論じるように、自分の「善の構想」を追求するためには、国内社会と同様に国際社会においても「移動の自由」が人権として保障されなければならない、という考えも十分に成り立つ[22]。各自の「善の構想」を追求するための機会が自社会にあるとはかぎらない。カレンズによれば、現状では、豊かでさまざまなライフチャンスに恵まれた社会への入国制限には、生まれによる特権を囲いこむメカニズムが作用しており、道徳的には正当化しがたいものである。

おそらく、ロールズは、自国からの退出オプションが容易にとられるようになれば、国際社会は「無責任の体系」に陥っていくと見ているように思われる。現在の国境線についてはたしかに恣意性が認められるとしても、それぞれの人民が責任を負うべき管轄範囲のようなものがなければならない。「何らかの明確な担い手が資産維持の責任を与えられ、万一それに失敗した際のさまざまな責任と損失を負うことがなければ、そうした資産は容易に損なわれてしまう」[23]。ロールズが望むのは、人びとが自社会にとどまり、「退出」ではなく「発言」のオプションを行使して、その社会の維持と改善に責任を負うことである。国際社会全体を再分配のユニットとしてはとらえないのもこれと同じ考えにもとづいている。

責務と自然的義務

ロールズの議論においては、援助の義務は「責務」（obligation）から区別された「自然的義務」（natural duty）に属する。前者は、制度が提供する機会や便益を享受している人びとがその諸制度の求める負担を引き受けることを指す。公職者や制度上有利な立場を占めている人びとは、より重い責務を負うと考えられる。他方、「自然的義務」は、制度からの受益の有無やその程度にかかわりなく、すべての人びとが果たすべき義務である。その一つである「正義の義務」は、現存の制度が正義にかなっている場合にはそれを支持し、十分に正義にかなっていない場合には――過大なコストを払わずに可能な場合――諸制度を正義にかなったものに近づけていく義務である。[24]

国際社会における「援助の義務」は、この「正義の義務」の一形態であるととらえることができる。とはいえ、諸制度の編成・運用に際しより大きな発言権をもち[25]、またそれらから多くの便益を得ている者は、万人が負うべき正義の義務に加え、諸制度をより正義にかなったものに向けて再編すべき責務を負うはずである。

ポッゲは、消極的義務違反の観点から、つまり、国際社会において共有されている制度から受益している人びとは、その制度を介して他の社会に生きる人びとに危害を加えている――極度の貧困の放置など――という観点から、富裕な社会に生きる人びとの責任を問うアプローチをとっている。[26] 極度の貧困が消極的義務違反によって引き起こされているとすれば、その義務違反に対して制度を改善するという政治的な責任を引き受けなければならない。ポッゲの議論が、このように富裕な社会に生きる人びとを責任を担うべき主体へと追い込んでいるのに対して、ロールズの議論はあくまでも「正義の義務」に訴えるにとどまっている。

国際社会における正義の構想

第二章で見た功利主義は、国際社会では、社会と社会を区切る境界線をいっさい引かない普遍主義的な正義の構想を提起しうる。全体の福利を最大化する正義の構想にとって、自社会を優先すべき理由はないからである。実際、ピーター・シンガーらの「効果的利他主義」によれば、同じ資源を用いて事態をより改善できるのであれば、その資源は他の社会に暮らす人びとに向けられるべきである。[27] 国内の社会で一人の苦痛を緩和する同じ資源で途上国の一〇〇人の厚生を著しく向上できるのであれば、前者を優先すべき理由はない。

しかしロールズは、功利主義的な正義の構想を、国際的な正義の構想としては端から退けている。他の社会の福利向上のために自社会が犠牲を強いられることを原理として承認するような人民など存在しないというのがその理由である。[28] そもそも万民の法は正義の政治的な構想であり、国際社会に多元的に存在する宗教的その他の教説によっても受容可能なものでなければならない。功利主義は哲学的ないし道徳的教説とみなされるが、その主張は反功利主義的な教説にコミットする者にも受け入れられるものでなければならない。

非理想的状況に関していえば、功利主義が対症療法、つまり、不正義を再生産している構造ではなく、効用水準が著しく低下している事態の改善のみに焦点を合わせることも批判の対象になるだろう。ロールズ自身が描く基本構造も、諸人民間の関係を規律する諸制度のあり方を意味しており、アイリス・マリオン・ヤング（一九四九〜二〇〇六）が重視するような、構造的な不正義が生みだされる動態的なプロセスを組み入れたものとはいいがたい。[29] それでも、問われるのは事態を短期的に改善することではなく、構造を長期的に正義にかなったものに近づけていくことであると考える点で、ロールズとヤングは軌を一にしている。

ロールズによれば、万民の法の探究を動機づけているのは、巨悪を惹起するような政治的不正義をいかにすれば回避できるかという問いである。[30] 伝統的な現実主義のいう「勢力均衡」は、力のバランスが一方に傾けば容易に崩壊するものであり、安定した秩序にとって不可欠な復元力をもたない。国内の社会と同様に、「正しい理由による安定性」、つまり「正義の諸原理を受容するだけではなく、それらにのっとって行動するよう促す正義感覚を、市民たちが時の経過とともに身につけていくような状況」を築いていくことができるかどうか。これがジェノサイドのような巨悪の再来を防ぐことができるかどうかの鍵を握っている。[31]

国際社会ではとりわけ、正義の構想の探究は、共

アイリス・マリオン・ヤング
写真：The University of Chicago

通悪（最高悪）を避けるという動機づけによって促される。ただし、まともな社会に向けられる対等なものとしての尊重、無法国家に対する介入、援助の義務を通じた制度再構築への支援がはたして最高悪の再来を防ぐうえで十分なものであるかどうかには、権威主義の受容などを視野に入れた検討が必要であろう。

世代間の正義と貯蓄原理

ロールズは、空間的には閉じた社会を想定した『正義論』においても、その社会が時間的にはひらかれていることを強調していた。社会的協働は諸世代にわたるものである以上、現世代が自己優先をはかることは避けられねばならない。原初状態の当事者には、現世代が諸世代の連鎖のなかでどこに位置を占めるかの情報も無知のヴェールによって遮られている[32]。この情報制約のもとで、当事者は「正義の二原理」とともに「正義にかなった貯蓄原理」（just savings principle）についても合意し、この原理（世代間の原理）に格差原理（世代内の原理）を制約する位置づけを与える。現世代における再分配は、後続する諸世代への配慮、つまり一定の資本の蓄積のもとで行われるのである。

このように、貯蓄原理は、先行する諸世代に期待するであろう一定の資本の蓄積を後続する諸世代のために行うことを要請する。この蓄積は、正義にかなった社会の基本構造を持続可能なものとする条件を確保するためのものであり、資本の蓄積それ自体が自己目的化されるわけではない。[33] 各世代は正義にかなった貯蓄原理によって定められた「実質的な資本に換算された公正な等価物」を次の世代に受け渡す。この広い意味での資本には、物質的なもの（富）にとどまらず、正義にかなった諸制度を成り立たせる技術や技能、知識や文化も含まれる。

ただし、後続世代のための資本の蓄積は際限なく要求されるものではなく、各世代が自ら産出する資本だけで十分に正義にかなった諸制度を維持できるようになれば、それ以降の資本の蓄積は不要となる。つまり、すべての種類の実質資本への追加分はゼロになって差し支えない。その意味で、援助の義務と同じように、貯蓄の原理も移行期のものである。

このように、ロールズが描く諸世代間の社会的協働は無限の成長を前提としたものではなく、いわゆる脱成長を積極的に肯定するものである。第三章でも触れたように、ロールズは、ミルが『経済学原理』で示した「定常状態」の観念にたびたび肯定的に言及している。[34] ロールズが成長の命法から意識的に距離をとるのは、人びとが欲するのは必ずしも物質的に高度な生活水準ではなく、「他者との自由なアソシエーションにおける意義のある仕事」であると考えるからである。[35]

ロールズは、環境保全と将来世代の福祉に対する回復不可能な損傷の回避にわずかに言及するにとどまっているが、[36] 後続する諸世代に対して正義にかなった社会を維持するための条件を確保することを求める「貯蓄原理」は、環境を「保全《セーブ》」する――そのための自然的義務を履行する――ことを要求していると解釈できるように思われる。

第四章小括

以上見てきたように、ロールズは、国際社会における政治的正義の構想を「万民の法」として示した。この構想は、理想理論の範疇《はんちゅう》にリベラルではない社会も含めたこと、また国際社会を再分配のユニットとみなすコスモポリタニズムの考えを退け、社会間の資源の移動を「援助の義務」にとどめたことなどをめぐって論争を喚起した。これら以外にも、人権のリストに見られる非政治性、人の移動に対する消極性、そして国際社会における圧倒的な不平等を再生産している構造に対する認識などに疑問や異論が提起されてきた。

最後の点に関していえば、国際社会における正義の構想を探究するにあたってロールズが重視したのは、諸人民が互いに向けた敬意を維持し、自尊の念を抱き続けることができる関係を構築することにあった。[37]「自尊の社会的基盤」に与えられる重要性は万民の法においても変わらない。とはいえ、諸人民間の対等な関係は相互への敬意のみによって維持されるわけではない。一方と他方のあいだに事実上の優位－劣位の関係をつくりだす「構造的プロセス」（アイリス・マリオン・ヤング）はつねにはたらいており、[38]こうした格差は共有される制度がどう編成されるかにも反映されざるをえない。格差を再生産する構造的な不正義を制度を通じていかに制御しうるかは、ロールズ自身の関心に沿って振り返っても、さらに掘り下げて検討されるべきだったのではないかと思われる。

そして、『万民の法』は、いわゆるグローバル・イシュー――国際社会が持続的に協働して解決に取り組むべき諸問題――への対応を豊かに含んでいるともいいがたい。絶対的貧困や人口増大の問題は間違いなくロールズの関心を占めていたが、気候変動や新興感染症は、今世紀はじめにこの世を去ったロールズにとってはまだリアルな脅威としては受けとめられなかった。それでも、彼が、正義にかなった社会にとって経済の成長は必須の要件ではないという見方を示し、むしろ、人びとが諸世代にわたって価値があるとみなしてきた事柄――環境、文化、制度など――を後の世代に向けて保全《セーブ》し、継承することの重要性を指摘していたことは強調しておきたい。

第五章 晩年の仕事
宗教的探究と「戦争の記憶」

『公正としての正義　再説』（画はジョン・マリン「Deer Isle Islets, Maine」）

1995 「ヒロシマから50年」 10月 脳卒中で倒れる

1997 「公共的理性の観念・再考」「私の宗教について」

1998 『コモンウィール』誌のインタビュー

1999 『論文集成』 ナショナル・ヒューマニティーズ・メダル、ショック賞（論理学・哲学部門）授与

2000 『道徳哲学史講義』

2001 『公正としての正義 再説』「回想」

2002 11月24日 マサチューセッツ州レキシントンの自宅で死去

2007 『政治哲学史講義』

2009 『罪と信仰の意味についての簡潔な考察』

2010 ハーバード大学のロールズ・アーカイブが本格的に公開される

残された時間

第二の主著『政治的リベラリズム』を一九九三年に公刊したとき、ロールズはすでに七〇歳をこえていた。彼は大きな仕事を成し遂げたあとも、なおも理論的深化を遂げていた。本章では、第四章で取り上げた『万民の法』を除く、晩年の仕事《レイト・ワーク》に焦点を合わせたい。その主たる関心は、青年のころに強い影響を受けた二つの経験、すなわち戦争と宗教にかかわるものであった。

正義にかなった戦争とはいかなるものか。政治と宗教とはいかに関係すべきか。このような問いが前景化したのは、残された時間への意識とも無関係ではないのかもしれない。病に臥《ふ》してからは一層そうした印象は深まる。晩年のロールズは、学術論文のみならず、論説や回想といった表現手段をも通じて、自分にとって重要な問題に再度向き合ったのである。

「ヒロシマから五〇年」

一九九五年は戦後半世紀という節目の年であった。各国でさまざまな催しがなされたが、アメリカではスミソニアン博物館での展示をめぐって論争がおこる。当初この企画は、広島の原爆資料館とも協力し、被爆者側からの視点も含めて戦争を振り返るという穏当なものだった。しかし、保守派の政治家や在郷軍人会から批判の声があがる。彼らからすれば、そうした試みは太平洋戦争をめぐるアメリカの大義を曇らせるものにほかならない。

展覧会はかつての戦争の道義をめぐる論争に巻きこまれていく。その結果、原爆を投下した爆撃機エノラ・ゲイ号がその中心に据えられることになった。これは、戦争終結を導いた象徴としての含みをもつ展示であり、原爆投下は正しかったというメッセージを含意する。こうした考えは、アメリカ社会では主流のものでもあった。さすがに原爆投下を正義の鉄槌《てっつい》のようなものとして考える人は多くなかっただろうが、少なからぬ人びとは、原爆自体が悪いものだとしても、それは戦争の早期終結を導き、結果としてさらなる被害を抑えるのに役立ったという直観をもっている。この考えからすると、原爆投下は「よりましな悪」(lesser evil) だとされうる。

ロールズはこのような潮流と直観に異議を申し立てた。九五年夏、『ディセント』誌上の特集「ヒロシマから五〇年《フィフティ・イヤーズ・アフター・ヒロシマ》」に、彼は同名の論文を寄稿している。それは、広島出身の倫理学者・ロールズ研究者の川本隆史《たかし》（一九五一〜）による邦題が示すように、「原爆投下はなぜ不正なのか？」をあらためて問うものであった。資質的に研究者であって知識人ではないと自認していた彼にとって、公衆に直接アピールするのは例外的な行動だといえる。

〈ヒロシマへの原爆投下を問いただすことは、太平洋戦争を闘ったアメリカの軍隊を侮辱することに等しい〉となじる意見をときおり耳にする。そうした言い分には、首をひねらざるをえない。むしろ、私たちの落ち度を振り返りよくよく考えなおす作業こそ、あの戦いから五〇年たった今なしうるはずである。

（「ヒロシマから五〇年」一一二頁）

まさしくあの戦争に従軍し、そして原爆投下後のヒロシマを目撃した者として、ロールズはこう問いかける。それでは、原爆投下の是非について、いかに検討すべきなのだろうか。もちろんこれは、直観にのみ訴えかけても、原理原則からの断定によっても、満足のいく答えが出せる問題ではない。関連事項を一つひとつ精査することによってのみ、説得力をもった論拠を提示することができる。

「開戦の正義」と「交戦の正義」

出発点となるのは、『万民の法』でも考察される、「開戦の正義」（jus ad bellum）と「交戦の正義」（jus in bello）である。ロールズはそれらを以下の六点に再構成する。

①正しい戦争の目標：諸人民のあいだに成立すべき平和
②敵国と認定しうる政情：非民主的で侵略主義的な国家
③戦争責任の軽重：指導者、軍人、民間人の三つの集団で区別がなされる
④人権の尊重：相手国の兵士と民間人、双方の人権をできるかぎり尊重する
⑤戦争目標の公示：自分たちが求める平和がいかなるものなのかを公示する
⑥目的と手段の選択：右の五つの条件が満たされるかぎりで、目的は手段を正当化しうる

原爆投下の是非と直接関連するのは「交戦の正義」であり、とりわけ④が問題となる。敵国の民間人は交戦中であっても攻撃対象としてはならない。これは国際法上の大原則である。しかし、実際上、どうしてもそれを破らざるをえない状況も生じる。そこで次のような但書が認められる。「一般市民は極限的な危機《エクストリーム・クライシス》の場合を除いて、直接の攻撃を受けることがあってはならない、との厳格な解釈がそれである」[1]。

イギリスによる一連のドイツ空爆はこのケースに当たる。たしかにこれは民間人の死傷者をともなうものだった。だが、それらがなければナチスは勢力を拡大し、世界中にきわめて悲惨な結果をもたらしただろう（ただし、大勢が決した後のドレスデン爆撃〔四五年二月〕は別である）。

対照的に、日本各地への空襲と二度の原爆投下は、このような最高緊急事態特例に該当するものではない。[2]

ヒロシマへの原爆も日本の各都市への焼夷弾攻撃もすさまじい道徳的な巨悪（great evils）であって、危機にもとづく免責事由が当てはまらない場合、そうした悪を避けることが政治家たる者の義務として求められる。私のもう一つの意見では、この悪はさらなる死傷者を出さず、ほとんど犠牲を払わなくても回避可能だった。

（「ヒロシマから五〇年」一一一頁）

ヒロシマへの原爆投下は「よりましな悪」ではなく「巨悪」にほかならない。もちろんこの主張は、ドイツや日本の戦争責任（とりわけ指導者の責任）の免除を意味しない。ロールズは、戦争にまつわる二種類のニヒリズムを退けねばならないとする。すなわち、「戦争は地獄なのだから、終結のためにはいかなる手段も正当化される」という論法と、「戦争になった時点で私たちはみな汚れているのだから、誰も他人（他国）を非難できない」という主張である。

これらはともに、方向性は異なるにせよ、向き合うべき問題から目を背け、短絡《ショート・カット》な近道へと逃避するものだ。だがそれは、本当の解決を導くものではない。「私たちがあらゆる道徳的・政治的原理と制約から免除されるような時点など、けっして訪れはしない[3]」。

ロールズは、さまざまな論拠を一つひとつ突き合わせて、原爆投下はなぜ不正だったのかという結論を導いている。その意味で、この論説は反照的均衡の実践だともいえる。基本的にレトリックに訴えかけない、淡々とした彼の筆致は、華々しい印象を読者に与えないかもしれない。しかし、そうした地道で遅い経路を通じて、当初の直観が「熟慮された道徳的判断」へと統合されていくのも、またたしかなことなのである。

病気と友情

一九九五年一〇月、『正義論』公刊二五周年を記念したシンポジウムの後、ロールズは最初の脳卒中に見舞われる。以後、数度の再発もあり、健康が完全に恢復することはなかった。定年後に非常勤で受けもっていた大学での講義もこれ以降はひらかれなくなる。七四歳にしてのリタイアであった。

九五年は、原爆投下の是非をめぐる論争のみならず、アメリカ議会にも大きな変化が生じた年だった。しかもそれは望ましい進路に向かうものではなかった。長らく下院の多数派を占めてきたのは民主党だったが、九四年の中間選挙での共和党大勝を受け、この年、ニュート・ギングリッチ（一九四三〜）が下院議長に就任する。彼のイニシアチブもあり、福祉予算は削減されていくことになる。一層問題なのは、偏ったロビー活動を平然と推進しつつ政敵を道徳的に糾弾する、分断的な政治スタイルそのものだった。そうした政治屋の振る舞いにつき、彼らは私たちのデモクラシーを破壊していると、ロールズは苦言を呈したという。[4]

　彼自身によるルソー解釈の枠組みを用いていえば、それは、一般意志ではなく全体意志を臆面もなく目指す態度である。そこには、特殊個別的な利害をこえた公共的な価値への志向は認められない。[5] そのようなレントシーキング（自らに都合がよくなるように規制を変更・解除すること）としての政治は、公共的な政治文化を痩せ細らせ、健全なコンセンサスを蝕《むしば》む。とりわけアメリカでは、政治活動や選挙宣伝への制約が弱いため、経済力が政治権力に転化する弊害が著しい。この点に関して、ロールズはそれを防ぐための制度改革が必要だと力説している。[6]

　心身は衰え、社会は正しくない方向へとすすんでいる。なんとも幻滅させられるような状況である。しかし、この逆境を支えたものに友情があった。ロールズは、同僚だったバートン・ドリーブンとの交友を中心とした回想《レミニセンス》を著しているが、それは晩年の生活風景についての貴重な資料にもなっている。第一章でも触れたが、ドリーブンは一九二七年生まれの数理論理学研究者で、クワインの高弟でもあり、五六年からハーバードのスタッフとなった。その講義は魅力的で多くの学生を惹きつけた。六〇年代末の大学紛争時には、当局と学生の調停にも尽力し

バートン・ドリーブンの肖像画（マーガレット作）
写真：Margaret Rawls / Harvard University Portrait Collection

たようである。

そして何より、他人の草稿への鋭く有益なコメントにおいて、彼の能力はいかんなく発揮された（そうした資質に恵まれた人物にはよくあることだが、ドリーブン本人はきわめて寡作だった）。産婆術的なやり取りを通じて、両者は友情を育んでゆく。ドリーブンはロールズより六歳年少だったが、しばしば第三者に対して、同席しているロールズのことを、私の教え子（tutee）だと紹介した。ロールズはそのことを愉快そうに記している（さすがにクワインやパトナムについては、当人がいる前では教え子とはいわなかっただろう、とも）。

ロールズが最初の発作を起こしたとき、ドリーブンは見舞いに駆けつけた。このとき、ロールズは『政治的リベラリズム』のペーパーバック版への序論を書くことを出版社と約束しており、大部分は仕上がっていたものの、なお未完成だった。ドリーブンは一緒に仕上げようと提案し、毎日のように作業を手伝った。その甲斐もあって、新たな序論は期限内に無事仕上がることになる。この序論は、複数の政治的構想の成立可能性と、正義というよりも正統性への注目という、重要な理論的深化を含むものであった（本書第三章）。

同様のことは、「公共的理性の観念・再考」にも当てはまる。すぐ後で見るように、これは実質的に最後の仕事といってよい重要な論考である。この論文についても、草稿の大部分は一応できあがっていたが、なおも仕上げが必要であった。しかし、九六年四月、今度は膵炎《すいえん》がロールズを襲う。それはもう少しで彼の命を奪いかねないほどのものだった。

ドリーブンはふたたびロールズを訪れ、同じく助力を申し出た。だがその共同作業中、彼もまた病に罹《かか》る。しかもそれは悪性リンパ腫であった。「しかし、このことをもってしても、彼が私の論文を手伝ってくれるのを妨げることはできなかった」。化学療法を受けながらも、作業がすすむにつれ、彼はなお意気軒昂《けんこう》だったという。「最初、バート〔ドリーブンの愛称〕は病気の友人を慰めに訪れにきていたのだが、最後は二人とも病気になってしまった。それでも私たちは休みなく哲学をやり続けたのだ」[7]。そして今回も論文は無事締め切りに間に合った。

人生の終わりを控えた両者だが、この光景は、あたかも何かを真剣に志しはじめた、若者の姿を想起させる。そのような友情を、そして没頭できる仕事をもてたことは、ロールズにとって生涯の喜びであっただろう。生前最後に公刊された『公正としての正義 再説』は、九九年に亡くなったドリーブンに捧げられている。

「公共的理性の観念・再考」

こうして完成した「公共的理性の観念・再考」はいかなる論考だろうか。第三章で見たように、公共的理性（公共的な推論・理由づけ）は、憲法の本質事項や基本的正義にかかわる重要な政治的争点につき、関連するすべての人びとにとって受容可能な価値や推論方法の使用を要請するものであった。「再考」ではいくつかの補訂がなされているが、ここでは公共的理性の広い見方《ワイド・ビュー》という重要な論点に限定して紹介したい。

公共的理性の観念に対し、当然に出てくる異論として、「論争的な主張や価値を排除することは公共的討論の幅を著しく狭めるのではないか。とりわけそれは、宗教的信念をもつ人びとにとって不公正にはたらくのではないか」というものが想定できる。実際、そのような観点からなされる政治的リベラリズム批判は多い。公共的理性の広い見方は、こうした異論に応じようとするものだ。

公共的理性が、共有可能な政治的価値にもとづいてのみ行使されるとしたら、それに越したことはない。社会に安定したコンセンサスが存在する場合、そのような実践は基本的に望ましいといえるだろう。宗教的信念に代表される包括的価値は、当人の生にとってかけがえのないものであるがゆえに、相異なったそうした価値観が政治の場に直接もちこまれることは、ともすれば抜き差しならぬ不和を招いてしまうからである。

だが、コンセンサスが損傷したとき、あるいは既存の価値観自体を問い直すべきであるとき、包括的価値が政治の場に導入されることはある意味で不可避・不可欠となる。そうした営為は多分に両義的であって、最悪の場合、宗教戦争にも似た内戦がもたらされてしまうかもしれない。しかし、同時にそれは、より高次の理念をともなったものとして社会を再生することもできる。以下でも見るように、ロールズは、キング牧師やリンカーンが実際にそうした役割を果たしたと考えていた。

だとすれば、政治的リベラリズムは包括的価値に対する積極的な考えや態度をも備えていなければならない。すなわち、公共的フォーラムにおいて、政治的価値（正）と包括的価値（善）とがいったんは峻別《しゅんべつ》されるべきだとしても、両者の関係はそれに尽きないことを示しておく必要がある。公共的理性の広い見方はまさにこの課題に応えるものであり、端的にいえば、次の但書《ただしがき》を満たすならば包括的価値を公共的理性に導入してもよい、とされる。

宗教的なものであれ、非宗教的なものであれ、理にかなった包括的教説はいつ持ち出されてもかまわないが、ただしそれは次の条件を満たす場合にかぎられる——つまり、そうした包括的教説が支持するものが何であれ、これを支持するのに十分であるような（包括的教説だけにより与えられる理由ではない）適切な政治的理由が、やがて適当な時点で（in due course）提示されなければならないということである。適切な政治的理由を提示せよというこのような命令のことを、但書（*proviso*）とよんでおこう。

（「公共的理性」§4・1）

たとえば、公民権運動で大きな役割を果たしたキング牧師の「私には夢がある」で始まる演説では、「神」という言葉が繰り返し用いられている。その点で彼のメッセージは包括的教説に依拠するものであった。しかし、同時にそれは、すべての市民に共有可能な政治的価値へと訴えかけるものでもあり、ゆえに但書の条件を満たしていた。

一方で、この但書の条件（＝包括的価値が政治的価値に翻訳されること）が、個々の事例においてどのようなものになるのか、「適当な時点」とはいつなのかについて、疑問がもたれるかもしれない。ロールズの返答はこうである。「この但書をどのように満足させるかということの詳細は、実践《プラクティス》のなかでなんとか答えを出さなければならないものであって、あらかじめ存在する明確なルール群によって規律するなど、そもそも無理な話なのである」[8]。

この主張に満足しない人も多いだろう。見方によれば哲学的思考の放棄にすら思われるかもしれない。だが、ロールズの併走者であったドリーブンは、この返答こそある意味でもっとも哲学的なのだと述べる[9]。彼によれば、哲学とは暗黙裡に受容されているものを一つひとつ分節化していく試みであり、それはまさに反照的均衡が一貫して目指してきたものなのだ。

あらかじめ存在する明確なルールによってではなく、実践のなかでなんとか答えを出していくこと。これは、修業時代のロールズが大きな影響を受けた、ウィトゲンシュタインの言語ゲーム論を想起させる。「我々は前に進みたい。だから摩擦が必要なのだ。ザラザラとした大地に戻れ！」[10]（強調は原文）。公共的理性とは、立憲デモクラシーという実践＝制度を背景とした、平等な市民としての私たちがおりなす言語ゲームなのである。

公共的理性の広い見方がつねに成功するとはかぎらない。またうまくいった場合でさえ、それは長い時間を必要とするかもしれない。しかし、理にかなった多元性の事実を真剣に受けとめ、異なった価値観を抱く人びとのあいだに成立しうる市民間の友愛《シビック・フレンドシップ》を育もうとするならば、そうした試みを避けて通ることはできないだろう。[11]

『コモンウィール』誌インタビュー

ここからは、『コモンウィール』誌の貴重なインタビューに即して、公共的理性について補足したい。この雑誌は、リベラルなカトリック系の雑誌であり、ロールズは一九九八年一月にインタビューを受けている。とくに彼は、立憲デモクラシーが公共的理性という特有の推論形式を備えていること、そして論争的な問題になぜ公共的理性が必要なのかということを強調している。以下、順に見ていきたい。

インタビュアーによる、「公共的理性・再考」では宗教への積極的な応対が印象的だったとの問いかけに対し、次のように答えることから対話は始まっている。「立憲デモクラシーが歴史的に生き残ることに、私は関心があるのです」。「問題はこうなります。立憲デモクラシーにおいて、あらゆる種類の宗教的・世俗的教説が、理にかなった仕方で正義を実現する統治への協働にとりくむことは、いかにすれば可能になるでしょうか[12]」。

第三章で見たように、これはまさしく政治的リベラリズムの問いである。そして、安定性の問題には重なり合うコンセンサスという回答が与えられたが、異なった価値観をもつ人びとが互いに政治的な正当化を行う場合は公共的理性が要請される。「公共的理性の観念は、私の理解では、秩序だった立憲デモクラシー社会の構想に属する[13]」。

立憲デモクラシーの擁護は公共的な政治文化の存在を前提とするものであった。ドリーブンはいささか挑発的にこう述べてすらいる。「ロールズはリベラルな立憲デモクラシーの存立を信じない人たちを正面から論駁《ろんばく》しようとしないほどには賢明な思想家でありました。このことを理解しておくのはとても重要です」[14]。つまり、公共的理性はデモクラシーの敵を名宛人とするものではない。

もちろんこれは、そうした反駁がとるに足らないことを意味しない。今日ではむしろ重要な課題だろう。だが、デモクラシーの敵と正面から対決することによって、理念自体を見失うことや、まして道徳的に不正な考えと妥協してしまうこと――誤った意味での中立性――があってはならない。言い換えれば、非理想理論は理想理論を必要とする。そしてロールズは、立憲デモクラシーの理想理論を一貫して追求したのである。「理にかなった仕方で正義を実現する、立憲政体での公共哲学《パブリック・フィロソフィー》のあるべき姿について、まさしく私は説明してきた次第です」[15]。

続けて、公共的理性の具体例として、彼もかかわった「哲学者たちの弁論趣意書」が話題とされる。[16]これは、かつてのSELFの中心メンバーでもあった六人（本書第一章参照）、ドゥオーキン、ネーゲル、ノージック、ロールズ、スキャンロン、トムソンの連名によるもので、尊厳死（医師による自殺幇助《ほうじょ》）を憲法上の権利として認めるよう、最高裁に問いかけた文章である。

尊厳死は高度に論争的な問題である。だがあくまで彼らは、「人びとは自身の最後の日々をどう生きるかについて、自由に意思決定できるべきだ」という政治的価値を論拠としている。ゆえに、この趣意書は公共的理性に背くものではない。重要なことに、インタビューでロールズは、反対派の論拠にも触れている――「こうしたコンセンサスが十分でない争点に最高裁が判断を下すのは賢明ではない。また、憲法上の権利として尊厳死が認められれば、実際には貧者の生に悪影響が及ぶだろう」。そして彼は、これらもまた公共的理性の要請に反していないとする。

しばしば、政治的リベラリズムは論争的な問題を扱えない、と批判される。だがそれは正しくない。むしろ、論争的な問題だからこそ、政治的リベラリズムは共有可能な論拠を探るよう要求する。その反対に、たとえば何らかの宗教的教義にもとづいて、尊厳死が正しい（正しくない）と断言してしまえば、すべてはそこで行き詰まってしまう。公共的理性は、決断主義的な同意・不同意の徹底的な対立を回避し、必要であれば暫定的に結論を下しつつも、相互に受容可能な枠組みによる討議の継続を志向するものなのである（これはまた、かつての倫理学研究から一貫した関心だといえる）。

言い換えれば、公共的理性の内実はけっして一枚岩ではない。「公共的理性の考えは、もちろん、問題がいかにして（how）決定されるべきかにかかわるものです。しかしそれは、説得力のある理由や正しい決定が何であるか（what）を教えてくれるものではないのです[17]」。公共的理性は、対等な市民としての発話を可能にする条件を定めるが、対話の内容を決めるのは私たち自身である。このことは文法規則と発話内容との関係に似ている。あえていえば、前者の形式性があるからこそ、後者は豊かな内実をもつことができる。

「私の宗教について」

政治と宗教の関係については、晩年のロールズ自身による、簡潔な自伝的スケッチ「私の宗教について」でも取り上げられている。これは、第一章で見た卒業論文とあわせて、没後の二〇〇九年に公刊されたものだ。タイトルが示すように、宗教とのかかわりあいを主題としたものであり、従軍体験についてもこの小文で触れられている。

ここでは、それ以降（つまり戦後）の来歴に焦点を合わせたい。ロールズは倫理学研究からスタートしたが、その傍らで、宗教裁判の歴史と展開にも強い関心をもち、多くの書物を読み耽《ふけ》ったという。彼によれば、古代ギリシアやローマの市民の宗教《シヴィック・レリジョン》は、もちろん強い忠誠心を要求したが、複数の信仰とも両立しうるものだった。だが、キリスト教が世俗権力と強く結びつくようになると、「異議を申し立てる人びとを異端者として迫害する」新たな災いが生じる。[18]

このことからロールズは、信教の自由と良心の自由の重要性をあらためて実感し、教会と国家の分離によってこれらの自由を保障する立憲デモクラシーへの支持をかためたという。彼は卒業論文では万人がキリスト教信仰に目覚めたコミュニティを理想的に描いていたが、次第に、信仰が最終的には個人の救済にかかわるものであるため、むしろ人びとを孤独に導くのではと疑うようになる（もっとも、若きロールズの解釈では、まさしく閉鎖性を破るゆえに信仰が肯定されていたのだが）。

ひとりの青年はこうして信仰の道から離れていった。だがそれは、宗教への関心自体の消失を意味しない。「私の宗教について」でもっとも興味深い点は、ジャン・ボダン（一五三〇～九六）への高い評価である。一六世紀フランスの宗教戦争に直面したボダンは、主権概念を新たに彫琢《ちょうたく》し、国家のもとでの諸宗教の共存を主張したことで知られる。このことを問答体で示したのが『七賢人の対話』である。[19]

ボダン『七賢人の対話』

国際自由都市ヴェネツィアの市民にしてカトリック教徒たるコロナエウスの邸宅に、ユダヤ教徒サロモンをはじめ異なった宗教的背景をもつ賢人たちが集まり、神学の奥義について対話する。そうした見立てによる本書を、ロールズは三つの理由から絶賛している。第一に、ボダンが自らのカトリック信仰を棄てることなしに、信仰の内部から宗教的寛容の考えにいたっていること（ただし、彼の信仰については異論もある）。第二に、対話が終わるとき、七賢人が相互の論駁から理解へとスタイルを変えていること。そして第三に、彼らがたどりついた結論は政治的リベラリズムを予感させるものですらあること。

最終幕のシーンは次のようなものだ。カトリック、ユダヤ教、ルター主義、カルヴァン主義、ムスリム、自然宗教、不可知論といった異なった背景をもつ七賢人は、いまや相互の尊重と承認にいたった。しかもそれは、改宗によるものでも、ましてや世俗化によるものでもない。「それ以降、彼らは宗教をめぐって言葉を交わすことはなかった。けれども、七人すべてが、自らの生にとって至高の神聖さをなすものとして、自分の信じる宗教を抱き続けたのである」[20]。異なった包括的教説をもつ人びと同士が、それぞれ固有の観点から、共通の政治的構想（宗教的寛容）を肯定していること。まさにここには、第三章で見た重なり合うコンセンサスのさきがけを認めることができる。ロールズが参照している『七賢人の対話』は一九七五年公刊の英訳であり、いつ読んだかまでは明言されていないが、彼の政治的転回にも重要な着想を与えた可能性がある。

宗教的寛容

宗教的寛容に関して、二点を補足しておきたい。一点目は、政府と宗教団体の分離についてである。政教分離は、たんに政治を宗教から保護するだけではなく、宗教を政治から防衛するという側面をも有する。先述したように、世俗権力が特定宗教と結びつくと抑圧的な政治が容易にもたらされる。「絶対権力は絶対的に腐敗する」（アクトン卿）。そのとき、統治と信仰、双方の質は著しく劣化してしまう。

政治的リベラリズムは、政治的価値と包括的価値を峻別した。そして、公共的理性にかかわる重要争点については、政治的価値が優先しなければならないとする。これはもちろん、それが市民として共有可能な価値であるからだが、包括的価値が（私人としての）各人の生に対してもつ意義を否定するものではない。むしろ、信仰に代表されるそのような価値は、きわめて重要だからこそ、政治権力という世事から適切な距離を保つ必要がある。政治と宗教の分離は、相互を他方から擁護するためにこそ要請されるのである。

二点目は、理にかなっていないとされる人びとの処遇に関するものだ。ロールズは、ボダンによる無神論（atheism）と非有神論（nontheism）の区別に注目する。これらはともに神を認めない教説だが、前者はその存在を積極的に否認するのに対して、後者は消極的な否定や沈黙にとどまる。

よって私は、ボダンとともに次のような見解にまで思い至った。（ボダンが理解するものとしての）無神論はたしかに災厄だが、非有神論は政治的にいえば恐れられる必要はない。後者は宗教的信仰と両立するからだ。さらにいえば、無神論ですら寛容の対象とされるべきである。というのも、宗教において罰しうるものは、行為であって信念ではないのだから。

（「私の宗教」二六九頁）

本書では、ロールズが立憲デモクラシーを強く擁護しており、その価値を認めない理にかなっていない立場を退けていることを見てきた。これは排除の論理だとして時に批判される。だが、上記の見解から類推して、より精確な主張を次のように展開できる。

まず、非有神論に相当するものとして、政治的価値を積極的に肯定しないが否定もしない立場を想定できる。このような人びとは、現時点では重なり合うコンセンサスへと参画していないが、それを脅《おびや》かしてもいない。よって彼らは、厳密には理にかなっていない存在ではなく、差し迫った脅威でもない(もちろん、そうした人びとが社会から退却しようとする傾向性に歯止めをかけるのは重要な課題である[21])。

次に、無神論に相当するものとして、政治的価値を正面から否認する立場を想定できる。これはまさに理にかなっていない見解であり、それを挫くことが求められる。なぜなら、少なくとも実質的な多数派が重なり合うコンセンサスを支持しているかぎりで、秩序だった社会は成立可能だからだ[22]。だが、政治権力による制裁が照準するのは外面の行為であり、内面の信念は寛容の対象である[23]。さらにいえば、除外されるのは理にかなっていない行動や主張であって、当人の人格やシティズンシップが否定されるわけでは無論ない。

このように、政治と宗教との関係について、政治的リベラリズムは一見したところよりも精妙な理解を示している。おそらくそれは、ロールズが立憲デモクラシーにコミットするとともに、宗教についての豊かな感覚と関心をあわせもつがゆえに可能になったものだ。政治的リベラリズムはいわゆる世俗主義的リベラリズムとは似て非なるものなのである。

京都賞の辞退——日本とロールズ

一九九九年、ロールズは、合衆国政府からナショナル・ヒューマニティーズ・メダルを、スウェーデン王立科学アカデミーからはショック賞（論理学・哲学部門）を、それぞれ授与されている。いずれも学芸における名誉を意味するものだ。このように、彼は褒賞の類を原則的に拒絶したわけではなかった。だが同時に、あらゆる賞を受け入れたわけでもない。辞退したもののの一つに京都賞がある。[24]

京都賞は稲盛《いなもり》財団が主催するもので、先端技術部門、基礎科学部門、思想・芸術部門の三つのセクションにおいて、毎年、各々ひとりが選出される。高額の賞金をともなう、国際的にも名誉とされる賞である。このうち思想・芸術部門は、四年に一度、思想・倫理の分野から受賞者を選ぶのが慣わしとなっている。過去の受賞者は以下の通りである。パウル・ティーメ（八八年）。カール・ポパー（九二年）。W・V・O・クワイン（九六年）。ポール・リクール（〇〇年）。ユルゲン・ハーバーマス（〇四年）。チャールズ・テイラー（〇八年）。ガヤトリ・スピヴァク（一二年）。マーサ・ヌスバウム（一六年）。ブリュノ・ラトゥール（二一年。コロナ禍のため一年延期）。八八年には、基礎科学部門でノーム・チョムスキーも受賞している。

錚々たる受賞者というべきだが、それに加えて、インド古典文献学の泰斗ティーメ、ポストコロニアル批評の旗手スピヴァク、人間中心主義を問い直す科学社会学者のラトゥールを除いた各人は、何らかの形でロールズと学問的な影響関係にあった。とりわけ、政治理論の分野でも活躍した、ハーバーマス、テイラー、ヌスバウムとのあいだには、相互のリスペクトにもとづいたやり取りが交わされている。

ロールズには九〇年代後半にオファーがあったとされる。それではなぜ、彼は賞を辞退したのだろうか。京都賞の受賞者には、式典に出席し、記念講演会やワークショップをひらくことが課せられる。これは大きな栄誉をともなった褒賞においては至極当然のことである。しかし、こうした通例の催しに加えて、一九九〇年から二〇〇三年のあいだは、受賞者が天皇・皇后に拝謁する時間が設けられていた。家族によれば、ロールズはそのことに難色を示したという。

受賞分野からして実際にはありえない話だが、かりにノーベル賞のオファーを受けたとしても自分は辞退するつもりだ、ロールズはそのようにも語っていたという。なぜならば、主催するスウェーデンが立憲君主制国家だからである（ショック賞とは異なり、ノーベル賞では王室の人びとも列席する授賞式と晩餐会がひらかれる）。彼は王族の存在と特権的身分がもたらす効果に批判的であり、ハートがイギリス王室から提示された爵位を辞退したことを称賛した。ちなみに、バーリンは爵位を受けたが、これは母親の懇願に折れたものらしく、彼女の死後はそうした申し出を辞退した。

ある種の立憲君主制が政治的リベラリズムとどこまで両立可能かというのは、それ自体としても興味深い問いである。デンマークのように、君主制でありながら今日もっとも豊かな社会だとみなされる国すらある。[25] 戦後日本の象徴天皇制が立憲君主制に該当するかはいささか論争的だが、いずれにせよ、そのような社会では地位の平等が完全に達成されていないことはたしかである。[26]

京都賞へのロールズの反応は、そうした不平等を象徴するものとしての天皇制への留保といえる。かつての戦争責任の所在という論点もかかわっているだろう。あえていえば、政治的リベラリズムが一定の条件を満たした立憲君主制を正統《レジティメート》なものとする余地は、否定されていないと思われる。そのような状態をひとまず認めることと、より正義にかなった社会を求める態度とは矛盾するものではない。

もちろん、ロールズは日本を理にかなっていない社会だと考えていたわけではない。彼は秩序だった社会の形成を論じるなかで、「資源に乏しい国が大きな成功を収めている」ケースとして、日本を挙げている。[27] とはいえ、彼の考えによるなら、日本にかぎらず、正義の原理を完全に満たしているような社会はまだどこにも存在していない。私たちができる（あるいはすべき）ことは、地道に社会を変えていくことに尽きる。

その際、ロールズが行ったような政治哲学は、「社会の基本的な政治的観念のファンド」の形成に資することができる。[28] それは遠回りではあるが、しかし、長期的には確実な影響をもたらす。そして彼は、研究や教育を通じて、そうした営みを続けてきた。そのなかには日本からの留学生や研究者の受け入れも含まれており、このルートも介して、日本でのロールズ受容は確実に深まっていった。[29]

実際にロールズのもとで学んだ経験のある、法哲学者の井上達夫《たつお》（一九五四〜）が伝えるエピソードは興味深い。[30] 在外研究でハーバードを訪れていた哲学者の岩田靖夫《やすお》（一九三二〜二〇一五）が、あるとき日本料理の店で会食の席を設け、ロールズと彼の教え子で道徳哲学者のスキャンロン、そして井上を招待した。この場のものかは不明だが、岩田の本では箸をもつロールズの写真を見ることができる。[31]

会話ははずみ、お酒の勢いもあって、井上はロールズに挑発的な質問を投げかけた。あなたの理論を殺《キル》すベストのやり方は何でしょうか。まずはスキャンロンが笑って応じた。ロールズの理論には頸動脈のような単一の急所はないのだから、理論をまるごと水没させてとどめを刺すのがよい。これは、反照的均衡のような、さまざまな論拠を幾重《いくえ》にも組み合わせて理論全体の説得力を高めようとする、ホーリズム的な正当化を意識したジョークである。その後、いたずらっぽく微笑んで、ロールズはこう答えた。私の理論を意図的に殺すことはできない。終わるとすれば、それはただ消えゆく《ジャスト・ダイ・アウト》のみである。これもまた、長期にわたって築かれてきたコンセンサスを基盤とする、彼の理論の特徴を巧みに示す返答である。

もっとも井上は、そのようなコンセンサスは存在しておらず、にもかかわらずそれを仮構しているとして、ロールズ（とくに後期の）を厳しく批判している。だが、公共的理性の内実がそうであったように、コンセンサスは一枚岩の同意ではなく、重要争点について建設的に議論するための共有可能な視点のことである。「公共的正当化は、何らかのコンセンサス、すなわち、意見を異にしているが、自由で平等であり、十分な推論能力をもっていると想定されるすべての当事者が共有し、自由に支持すると当然に期待してもよいような前提から進められる[32]」。具体的争点をめぐる公共的正当化についていえば、コンセンサスは議論の結論というよりも前提なのである。

ギリシア哲学研究で知られる岩田は、この点を正しくふまえ、ロールズのいうコンセンサスを、古代ギリシア語のエンドクサ、すなわち反省によって確証された信念（＝対話の基盤となる常識）に相当するものだとしている[33]。実際、「熟慮された判断」をベースにした対話的な正当化を志向する点で、ソクラテスやアリストテレスとロールズは親近性をもっている[34]。そして、幾多の歴史を経て形成されたコンセンサスは、政治的価値として、憲法前文をはじめとする重要な政治的テクストに明示化されている[35]。時に揺らぐとはいえ、けっしてそれは幻想の存在ではない。コンセンサスはそれほどやわではない。

死去と弔辞

新しい千年紀はアメリカでの同時多発テロ事件とともに始まる。そして理論は別としても、彼の身体が消えゆくときは近づいていた。この最晩年の時期、『正義論』の改訂版をはじめ、『万民の法』、『論文集成』、『道徳哲学史講義』、『公正としての正義 再説』が公刊される。そして、自身の知的成果を一通り形として残した後、約束を果たしたかのように、二〇〇二年一一月二四日、ロールズは心臓発作のため八一歳で亡くなった。没後には『政治哲学史講義』と『罪と信仰の意味についての簡潔な考察』も出版された。

病気のため仕事はできなくなっていたが、最後の日々は比較的穏やかなものだったようである。死去の前月にも、教え子の訪問を受け、軽い歓談を交わすくらいの余裕はあった。そして何より、住み慣れた自宅で、パートナーであるマーガレットに看取られての最期であった。彼の死は多くの人に悼まれ、アメリカにとどまらずさまざまな国でも報じられた。本国よりも、イギリスやフランスの主要紙での扱いのほうが大きかったともいわれる。このことについて、サンデルは、市場主義が席巻《せっけん》するアメリカと、福祉社会への一定のコンセンサスがあるヨーロッパの違いを反映するものかもしれないと、追悼記事で示唆している[36]。晩年のロールズもまた、母国の現状について批判的であった。だが同時に、たんなる市場主義ではとらえきれないアメリカ、とりわけ南北戦争とその再建という政治史的テーマは、彼の一貫した関心の対象でもあった。ハーバードの同僚だった哲学者のヒラリー・パトナムは、弔辞で次のように述べている。

ロールズはまた飽くなき読書家で、アブラハム・リンカーンをこのうえなく崇拝していました。私が思うに、ロールズは手に入れられるかぎりのリンカーンによる書籍、あるいは彼に関して書かれたものをすべて読んでいました。さまざまな仕方で、『政治的リベラリズム』においてとても重要な役割を担っている「重なり合うコンセンサス」の観念は、リンカーンの思想、あるいはそれ以上に、彼の政治上の実践にインスパイアされたのではないかと私は考えています。

（Hilary Putnam "John Rawls", p.117）

彼はまた、同じくロールズと親交のあったスタンレー・ホフマンの以下の言を引いている。第一章で見たように、三人は六〇年代の政治の季節をともに戦った仲間でもあった。

ヒラリー・パトナム
写真：Hilary Putnam / CC BY-SA 2.5

二〇世紀の状況に、つまりデモクラシーの時代にして、全体主義・世界大戦・大衆の貧困の時代に〔リベラリズムを〕適用する、大きな試み。多様性とコンセンサスの二つをともに強調すること。民主的なシティズンシップと正義の要求事項を吟味すること。対等な存在として接した教え子たちへの影響力。これらはすべて、私たちをインスパイアし続けるだろうし、私たちが感謝してしかるべきものでもある。

彼は偉大な思想家にして、よき人でもあった。私たちの多くは、いまや孤児となったような気がしている。

（同前）

ロールズの生涯は学問に捧げられたといってよい。あの戦争を体験してなお、彼は正義にかなった社会の理念を日々考察し続けた。「このような考えは幻想である、とりわけ、アウシュヴィッツ以降はそういわざるをえない――おそらくそう考える人たちもいることだろう。だが、なぜそんなことがいえるのか[37]」。社会正義の探究とは、彼にとって、学知のかたちをとった祈りだったのかもしれない[38]。

きわめてゆっくりと、しかし着実にすすんだその成果は、いくつかの書物として結実した。歴代の学生に『正義論』を紹介する際、パトナムは次のように述べたという。「みなさんがスマートになればなるほど、この本も一層スマートなものになっていくのです[39]」。『正義論』をはじめとするロールズの著作はたしかに読みやすいものではない。だが、リベラリズムやデモクラシーについて真剣に考えてみたければ、それはまぎれもなく読み直し《リリーディング》に値する本なのである。

複雑な内容をもった書物を、その構造と方向性を意識しつつ何度もたどっていくこと。まさしくロールズ自身、この意味での読み直しの実践者であった。「私は、いつも、私たちが研究している著作家はつねに私よりもはるかに賢明であると想定した。……彼らの議論に何か誤りを見出した場合には、私は、彼ら〔哲学者〕にもまたそのことが見えており、したがってそれをどこか別のところで論じているはずだ、と考えた」[40]。その際、彼はまた、「私たちは、哲学の内容ではなく、哲学することだけを学びうる」というカントの言を座右の銘としたという。

カント――哲学による方向づけ

カントとリンカーンの二人はロールズにとって双璧をなす範例《イグザンプラー》であった。以下では、両者に対する彼の所見を確認した後、それを哲学と政治の関係性という論点に敷衍して、本章をしめくくりたい。そうすることによって、ロールズの政治哲学がもつ特性をより明らかにすることができると思われる。

まずはカントについて。古典的思想家のなかでも、ロールズはカントをもっとも尊敬していた。ただし彼は、アメリカのモダニズムを代表する水彩画家ジョン・マリン（一八七〇～一九五三）のエピソードを交えながら、自らのカント解釈について次のように回想している。マリンは、一九二〇年代、メイン州の港町で絵の修練に励んでいた。そのときに描かれた、メインの小島の風景画――おそらく少年ロールズが夏の日々に遊ぶとともに、社会的不正の存在に気づかされた懐かしい場所（本書第一章）――は、『再説』原著の表紙に選ばれている。

マリンについて素晴らしい本を書いたルース・ファインは、当時の彼のことを知っているだれかに出会えないかと当地を訪ねたときのことを語っている。彼女はようやく、次のように語るロブスター漁師に出会った。「もちろん、もちろん。みんな彼のことは知ってるよ。彼は、毎日、毎週、毎夏、小舟に乗って絵を描きに出かけたよ。まあ、懸命に頑張ったけど、ついぞものにできなかったね」。

これはいつも言われることだが、まさしく私にも当てはまる。とりわけいまとなっては。「ついぞものにできなかった」。

（『政治哲学史講義』編者の緒言）

しかし、謙遜は別として、『道徳哲学史講義』の「カント講義」は何年にも及ぶ着実な読解の成果であるし、『正義論』はそれ自体がカント哲学を現代によみがえらせた古典だといえる。それは、長らく見過ごされてきた契約論の理念を、現行の社会制度を評価するための基準へと再生させるものだった。「〈公正としての正義〉は、アプリオリな考慮事項を持ち出さずに、社会システムを評価するためのアルキメデスの点を組み立てる」[41]。

カントの思考様式そのものもロールズを導き続けた。先述した「哲学すること」もそうだが、彼はさらに、政治哲学の方向づけ《オリエンテーション》の役割を、カントに帰している[42]。これは、政治や社会について考える際に、まずは何が可能・不可能であるかを、そして可能な諸目的がいかにして整合的でありうるかを問うものである。あるべき社会の姿を第一に問う理想理論は、ロールズなりの方向づけの試みといえるだろう[43]。

正義にかなった社会は理想論にすぎず、不可能だと思われるかもしれない。だが、そのような考え方は、人間本性についての暗い見方へと容易に陥ってしまう。「人類が、救い難いまでに自己中心的とまではいかないにせよ、総じて没道徳的《アモラル》だとすれば、カントとともに次のように問うことが許されるだろう。人類はこの地上に生きるに値するのか[44]」。人間本性が正義と親和的であることとの弁証こそは、カントに倣って、ロールズがつねに意識していたテーマであった。

リンカーン――政治的判断力と手腕

続いてはリンカーンである。先に見た回想で、ロールズは次のように述べている。ドリーブン（バート）がいうには、ニュートンがジョン・ロックより天才だったのは確実である。だが、ロックが偉大な哲学者にして偉大な人物だったのに対して、ニュートンはいずれにおいてもその資格を欠く。ここでは、明晰《めいせき》な知性と対照をなすものとしての反省的知性、あるいは政治的判断力が問題とされている。この点で模範とされるのがリンカーンにほかならない。

リンカーンは哲学者ではなかった。しかし、バートなら、彼は偉大な人物だったと述べたと思う。途方もない権力の地位にあった真に偉大な政治家であり、私見では、そうした地位にあって、「権力は腐敗する、絶対権力は絶対的に腐敗する」というアクトン卿のよく知られた警句の前半部ですら当てはまらなかった、ことによると唯一の人物である（このことについても、バートは同意してくれるはずだ）。また、第二次大統領就任演説からも明らかなように、リンカーンは預言者の宗教を理解していた。

（「回想」四二三頁）

この「預言者の宗教」というのは、個人の救済ではなく、宗教が社会一般にとって、あるいは市民の習慣に対してもつ意義に注目するものだ。まさしく南北戦争終結直前の一八六五年三月、第二次大統領就任演説において、リンカーンは聖書を引きつつ――彼によれば、この戦争は奴隷制という巨悪への贖《あがな》いとして神が下した罰だった――合衆国の再建を説いた。[45] ロールズは、神義論的な内容をもつこの演説を、それにもかかわらず公共的理性を侵害するものではなかったとしている。[46]

実際のリンカーンが権力の自制をどれほど適切に遂行しえたかは、歴史家のなかで争いがあるかもしれない。ただし、ロールズの主張を裏づける一つのエピソードとして、リンカーン＝ダグラス論争を挙げることができる。これは、南北戦争前の一八五八年、スティーブン・ダグラスと七度にわたって交わされた論戦である。主要争点は奴隷制の是非であった。またそれは、建国の理念――すべての人間は平等に創られている――をめぐる哲学的対話ですらあった。[47]

ダグラスは、独特な人民主権の観点から、奴隷制の存続を容認した。すなわち、きわめて重要な争点であるゆえに、その是非は合衆国全体ではなく各州の政府による個別的判断に委ねられるべきなのだ。これは一見、理にかなった考えのように思われるかもしれない。また、公共的理性の考えからすれば、特定の価値観についての中立性が要請されるゆえに、ダグラスの立場が支持されるのではないかとの解釈すらある。[48]

しかし、こうした考え方は大いに問題含みである。「奴隷制の否定が、平等な基本的自由という憲法の本質事項に明白に当てはまる以上、リンカーンの見解は（もっとも理にかなったものではないにせよ）間違いなく理にかなったものであったし、反対に、ダグラスの見解は理に反するものであった」[49]。特定の人びとが市民としての地位や発言権を剝奪《はくだつ》されている場合、集合的な意見形成は否定的な意味でのポピュリズムを導く。[50]それは、デモクラシーが目指すべき人民の意志に一見似ているが、まったくの別物である。ダグラスのような主張は、多様性に配慮するようでいて、実際は理にかなった多元性の基盤を掘り崩すものなのだ。

南北戦争期のリンカーンは絶大な権力をもち、しばしば大権を行使し、時にその手を汚すこともあった。だが彼は、人民から受けた信託があらゆる行動を正当化するわけではないこと、自身の地位を濫用して人民の意志を僭称《せんしょう》しないこと、そして巨悪と妥協してはならないこと、これらについて高度に自覚的であった。長期的な理念を見据えたうえで、現時点で可能な実践を見極めること。こうした政治上の技量こそ、たんなる政治屋《ポリティシャン》から真の政治家《ステイツマン》を区別する。[51]

リンカーン＝ダグラス論争からまさに一世紀後の一九五八年、ロールズは論文「公正としての正義」において、契約論と功利主義を対比させる形で「奴隷制の正当化」を問題にした（本書第一章）。比較衡量の対象となりうる、よりましな悪として奴隷制を見るような視点そのものが、定言的に退けられねばならない。はからずもそれは、彼なりの仕方で、カントとリンカーンを結びつける試みのはじまりであったといえるかもしれない。

哲学と政治

ロールズにとってカントとリンカーンは範例となる哲学者と政治家であった。だが他方で、哲学と政治は必ずしも調和せず、その本性からして対立する側面をもつ。「哲学者はいかなる観念の共同体の市民でもない。そのことが彼を哲学者にするのだ」[52]。ウィトゲンシュタインによるこのテーゼを導きとして、マイケル・ウォルツァーは「哲学とデモクラシー」の緊張関係を描き出している。「太陽はただ一つしかないが多くの洞窟があるように、哲学的知識は普遍主義的で単一であるのに対して、政治的知識には特殊で多元主義的な性格がある」[53]。

ウォルツァーは、ロールズに代表されるような政治哲学の試みが、あるいは合衆国憲法の司法審査が、哲学に大きく傾斜していることを批判する。彼は実際、SELFのメンバーによる抽象的な哲学に違和感を覚え、次第に距離をおくようになったという[54]。『正義論』の原初状態論は当然のように批判の対象にされる。ウォルツァーによれば、それはただ一人の哲学者が理想とする社会を尋ねるものであり、そこには別の居住者や参加者は存在しない。

しかし、この批判はどこまで妥当だろうか。たしかにロールズの理論は高度に抽象的な側面をもっている。だがそれは、ウォルツァーが批判する意味での哲学とは異なる。というより、若き日々から一貫して、ロールズの考える哲学はつねにデモクラシーを意識したものであった。「政治哲学とは、そのように考えた人もいるようだが、社会や世界から撤退することではない。また政治哲学とは、あらゆる政治思想や実践の伝統から切り離された独自の推論方法によって、真なるものを発見すると称するものでもない」[55]。

具体的争点について大まかな見解の一致がある場合、あるいは既存の価値を信頼できる場合、デモクラシーはよどみなく実行可能だろう。だが、そうした共通理解の自明性が揺らぐときには、その基盤をあらためて問う必要性が生じる。

マイケル・ウォルツァー
写真：Jon R. Friedman / The Institute for Advanced Study

抽象化という作業は無用のものではない。それは抽象のための抽象ではなく、より特殊な一般性のレベルに位置する［＝より具体的な］共有された理解が崩れたときに、公共的議論を継続させるための方法なのだ。争いの程度が深まれば深まるほど、その根元にある明確な形をとどめた見解をえるために私たちが上昇《アセンド》せねばならない抽象性のレベルは高くなる……。こうした文脈をふまえていえば、さまざまな基本となる考えと結びつく、理想化された（つまり抽象的な）社会と人格の構想を定式化することは、理にかなった正義の政治的構想を見出すにあたり必要不可欠なのである。

（『政治的リベラリズム』講義1、§8・2）

抽象化の試みは具体的な論点との整合性をつねに念頭においてなされる。反照的均衡は、さまざまなレベルでの問いの検討を通じて、「熟慮された判断」にもっとも適合する構想の提示を目指すものであった。[56] 争いからの上昇は、再度、争いへの下降《ディセンド》に立ち返る。ただし、より明晰化された理念を携えて。既存の理解を新たな相貌へと変容させることをともなって。このようにして哲学と政治はつながる。そして時代をこえて受け継がれていく。

ロールズは一九六六年の講義で次のように語ったという。「道徳哲学は、道徳哲学としては、一般的な枠組みでストップしなければなりません。というのも、事実などについての慎重な考察だけが、個別の状況において行うべきことを定められるのですから」[57]。彼にとって、哲学はすべての答えを与えるのではなく、一般的な方向性を指し示すものにすぎない。正義の原理もまた、憲法・立法・政策を方向づけはするが、具体的な政治のあり方を定めるのは実際の市民に委ねられている。正義にかなった範囲内で、多数決ルールを通じて、市民はさまざまな選択を行うことができる。[58]

よく練られた考えが勝利するとはかぎらない。というより、複数の抽象化の試みがありうる以上、どの構想が説得力をもつかは、最終的には人びとの判断に委ねられるべきだろう。デモクラシーにコミットするなら、このことはとりわけ妥当する。いみじくもウォルツァーはこう述べる。「意見の世界では、真理は実際にはもう一つの意見であり、哲学者はもう一人の輿論の形成者《オピニオン・メイカー》にすぎない」[59]。だがこれは、まさしくロールズの主張でもあった。「デモクラシーにあっては、政治哲学の著作家は、他のあらゆる市民がもつ以上の権威をもちませんし、それを主張してはならないのです」[60]。彼は、歴史を経て定着した理念や、人びとがもつ常識から離れることはなかった。同時に、きわめてゆるやかにではあれ、理念や常識がよりよいものになっていくことを信じていた。

ロールズのヴィジョン

ロールズの政治哲学は、永遠不変の理想国家や世界の根本的変革を求めるものではない。そのような目標を掲げる企ては、何らかの強い仕方で、人間や世界が別様の存在に変化せねばならないと説く傾向にある。しかし彼は、あくまでも私たちがこの世界において正義にかなった社会を実現可能（少なくとも、接近可能）であることに、目を向け続けた。「われわれは、政治哲学を、現実主義的にユートピア的なもの、すなわち、実践することのできる政治的可能性の限界を徹底的に探究することとみなす」[61]。

この意味での可能性の限界は、もちろん、現状での選択肢によって決定されてはいない。なぜなら、生物学上の特性や自然法則を変更することはできないとしても、私たちは政治や社会制度を多かれ少なかれ変えることができるからである。

より卓越した生来の能力をもつに値する者は誰一人いないし、より恵まれた社会生活のスタート地点を占めるに値する者もいない。だがもちろん、このことがそうした〔生来の能力や社会生活のスタート地点の〕差異＝区別（distinctions）を無視したり（ましてや）廃絶したりする理由になるわけではない。差異＝区別を無視・廃絶するのではなく、そのような偶然性《コンティンジェンシーズ》がもっとも不遇な人びとの善のために機能するよう基本構造を編成することができる。

（『正義論』§17）

社会システムは、人間の制御をこえた変更不可能な秩序ではなく、人間の行為のパターンにほかならない。〈公正としての正義〉においては、そうすることが共通の便益になる場合にのみ、人びとは自然本性や社会状況の偶発事《アクシデンツ》を〔社会制度を媒介にして〕役立たせることに合意する。〔正義の〕二原理は運命の恣意性に応対する公正な方策だ。その他の側面では

たしかに不完全だとしても、この原理を満たす制度こそは正義にかなったものなのだから。（同前）

ロールズが『正義論』を公刊したのは半世紀前のことであった。その主張は今なお全面的に実現されてはいない（あるいはこれからも）。しかし『正義論』をはじめとするロールズの著作は、一つの方向づけを示すヴィジョンとして、人びとが自由かつ平等な社会の理念を考える際の、時代を超えた参照点であり続けるだろう。

終章

『正義論』から五〇年

「ロールズの理想」のゆくえ

ロールズの肖像画（マーガレット作）
写真：Margaret Rawls / Harvard University Portrait Collection

真理が思想の体系にとって第一の徳《ヴァーチュー》であるように、正義は社会の制度がまずもって発揮すべき効能《ヴァーチュー》である。どれほど優美で無駄のない理論であろうとも、もしそれが真理に反しているのなら、棄却し修正せねばならない。それと同じように、どれだけ効率的でうまく編成されている法や制度であろうとも、もしそれが正義に反するのであれば、撤廃し改革せねばならない。

（『正義論』§1）

社会的分断の回避

これまで五つの章を通じて、初期から晩年にいたるロールズの議論をたどり、彼がどのような正義の構想を提起したかを概観してきた。消極的に見れば、ロールズの主要な問題関心は、二種類の社会的分断を避けることにあったといえるだろう。

一つ目の分断は、価値観（包括的教説）ゆえの分断である。一方において、価値観の多元性を積極的に肯定しながら、それでも「神々の闘争」（M・ウェーバー）によって引き裂かれない社会の統合はいかにして可能なのか。繰り返せば、この問いは次のように定式化された。「理にかなっているものの両立不可能な宗教的・哲学的・道徳的な包括的教説によって互いに深く分かたれながらも、自由で平等な市民からなる安定しかつ正義にかなった社会が長期間にわたって存続することはいかにして可能なのか[1]」。

ロールズがこの問いに与えた答えは、市民は一群の「政治的価値」を共有することによって、

「包括的価値」へのコミットメントにおいては互いに分かたれながらも、安定した政治社会を築き、維持することができるというものであった。ロールズのいう「政治的リベラリズム」とは、多元的な価値観のいずれかに依拠するのではなく、さまざまな価値観からまさしく多元的に支持されうる政治的価値にもとづいて制度を編成し、生じうる抗争を扱う思想と実践を指す。

他方、二つ目の分断は、不平等ゆえの分断である。ロールズ自身は、前世紀末からの格差の急速な拡大とそれが社会に及ぼしている深刻な影響を実際に目にすることはほとんどなかったかもしれない。とはいえ、政治的自由の「公正な価値」を擁護する議論に見られるように、社会的・経済的影響力の政治的権力への転換によって、平等な市民間の関係が脅かされているという認識は、彼にとっても切実なものであった。

ロールズの「平等主義的リベラリズム」とは、不平等を拡大する傾向を制御する仕組みを社会の主要な制度に組み入れることによって、市民のあいだに優位-劣位の関係が形成されることを防ぎ、各市民の「自尊の社会的基盤」が掘り崩されないようにする思想と実践を指している。

ロールズのリベラリズムは、このように「政治的リベラリズム」および「平等主義的リベラリズム」の両面をもっている。

立憲デモクラシーと公共的な政治文化

ロールズは、この二つの意味でのリベラリズムが擁護される政体を「立憲デモクラシー」と表現する。完全に正義にかなっているとはいえないものの相当程度に正義にかなった立憲デモクラシーの社会は、「リベラルな社会」とも称される。

彼によれば、「現在の社会的世界が有する諸々の可能性からすれば……相当程度に正義にかなった立憲デモクラシーの社会は実現可能であるという信念」こそ、「現実主義的ユートピア」を支えている。[2] 立憲デモクラシーは、「多様性のもとでの民主的統一」を成り立たせる制度、つまり「包括的教説が多元的に存在する」ということと「市民は一つの集合体として強制的な性格をもつ政治権力を他の市民に対して行使せざるをえない」ということを両立させる制度である。[3]

価値観を異にするほかの市民に対しては、そうした市民が理解し、受容しうる言葉や理由によって、法や政策に関する自分の主張を正当化することができなければならない。「多様性のもとでの民主的統一」を成り立たせるのは、このような「公共的理性」の要請に従う実践を自覚的に繰り返すことである。[4]

とはいえ、この要請は、政治的な議論の空間から宗教的その他の包括的教説を締め出すものではない。第五章で述べたように、公共的な政治文化においても、適当な時点で政治的理由を提示せよという「但書」を満たす仕方で、法や政策に関する自分の主張を正当化する際に包括的教説にもとづく見解を示すことができる。[5] 他方、公共的理性は、包括的教説の信念やそれにもとづく行為が、憲法が保障する基本的な諸自由・諸権利（「憲法の本質事項」）を侵害しないかぎり、それらに介入して変容を迫ることはない。

このようにロールズは、立憲デモクラシーと多元的な包括的教説は両立しうるという展望を示すが、同時に、それが自ずと成り立つものではないことにも注意を喚起している。

> 市民たちが公共的理性に対する忠誠と〔対等な他の市民への敬意を表す〕シビリティの義務に対する尊重をもたなければ、諸々の教説間の分裂と敵意が――たとえ、いまはまだ存在しなくとも――やがて自己主張をはじめることは必至である。教説間の調和と一致、そして人民＝民衆による公共的理性の肯定は、不幸にして、社会生活の永久不変の姿ではない。（「公共的理性」§6・4）

ロールズ自身、政治的リベラリズムは、各種の包括的教説が理にかなっていないものへと転じていく脅威に潜在的にはつねにさらされていると見ていた。そして、このような理にかなっているとはいえない政治的な自己主張は、ロールズの死後、世界の各地に散見されるようになってきた。

今世紀に入って台頭している権威主義的ポピュリズムは、それが包括的教説としての特徴を備えているかどうかは措《お》くとして、公共的理性を軽視するものであることはたしかである。ポピュリズムの運動においては、政治的主張の正当化は、価値観や利害関心を異にする他者に向けてなされるのではなく、もっぱら支持集団に向けてなされている。「われわれ」だけが本当の人民を代表しうるという排他的な主張は、ロールズのいう相互性の基準を満たすものではない。アメリカの政治哲学者ヤン＝ヴェルナー・ミュラー（一九七〇～）も論じるように、ポピュリズムの本質的特徴の一つを「多元性の否定」に見ることは十分に適切であるように思われる。[6] しばしば指摘されるように、ポピュリズムの台頭は、社会的・経済的不平等の拡大のもとで、とりわけ中間層が抱く「生の展望」に暗い影がさしている状況とも無関係ではない。

ヤン＝ヴェルナー・ミュラー
写真：2021 The Trustees of Princeton University

熟議デモクラシーと市民の責任

この十数年、トマ・ピケティ（一九七一～）の『21世紀の資本』やブランコ・ミラノヴィッチ（一九五三～）の『大不平等』の議論に代表されるように、第二次大戦後の数十年はむしろ特殊な時代であったとする見方が相次いで示されている。[7] 一九八〇年代以降、経済的な点で平等化に向かう傾向は逆方向に転じ、資産の多寡が主要因となって貧富が分極化していく傾向が顕著になってきた。そして、いくつかの実証的な研究も示すように、富

トマ・ピケティ
写真：Gobierno de Chile / CC BY-SA 2.0

の力が実際に政治（立法過程）を左右する事態が昂《こう》進《しん》してきた。[8]

　ロールズは、「経済的・社会的権力の大きな集中」[9]によって、あるいは「ほとんど完全にアカウンタビリティを果たさずともよい民間の経済的・企業的権力の巨大な複合体の利害」[10]によって、政治的生活（公共的な政治文化）が牛耳られる恐れがあることを十分に認識していた。一九八〇年代以降の新自由主義的政策の展開を彼自身がどのように見ていたかについては前章でも触れたが、公共的理性が行使されるべき熟議デモクラシーに富の力が作用しないよう一貫して心を砕いてきたことは、これまでの議論——政治的自由の公正な価値の確保、公正な機会の平等の実現、生産用資産と人的資本の広範な分散など——からも明らかだろう。

　ロールズにとって、熟議デモクラシーは、法や政策の正当化が公共的理性の特定する理由にもとづいて行われる意見形成‐意思形成を指す。[11]熟議デモクラシーは、公共的な政治文化のアクターである立法者（ならびにその候補）や政党を主要な担い手とするが、市民がそれに関知しないわけではない。「理想的には、市民たちはあたかも自らが立法者であるかのように考えて、相互性の基準を満足させる理由は何かを問いながら、これにもとづいて、どのような法律を制定するのがもっとも理にかなうかを自ら問う」[12]（強調は原文）。

一般の市民は公共的な政治文化から区別される「背景的文化」（市民社会の文化）の担い手であり、公職者とは異なって公共的理性の要請に従う責務を免れてはいる。とはいえ、ロールズによれば、一般の市民もまた「シビリティの義務」、つまり互いのあいだに深刻な対立を招く恐れのある重要な争点については互いに受容可能な理由を探り、それを挙げる義務を負っている[13]。一般の市民もまた、他の市民とのあいだで共有できる正当化の基盤をそのつど探りなおし、それに訴えることによって抗争をコントロールする義務を負っているのである。

このようにロールズは、公共的な政治文化（フォーマルな公共圏）を支え、それを活性化する背景的文化（インフォーマルな公共圏）が市民自身の手で能動的に担われ続けることに将来を託している。「自由で平等な市民であり続けたければ、われわれは私的生活へ総退却するわけにはいかない[14]」。

ロールズの構想する立憲デモクラシーはたしかに「憲法の本質事項」を通常の政治的争点から外し、重要な政治的価値が侵害されていないかの判断を司法の判断に委ねる。しかし、司法の判断もまた、「原理をめぐる公共的フォーラム」（R・ドゥオーキンの表現）において、その判断の正しさをめぐる市民たちの評価にひらかれ、その批判的な検討を俟《ま》つものである[15]。

市民社会の背景的文化それ自体が、価値観や立場を異にするさまざまな市民のあいだでまさに「全方向的な対話」（omnilogue）が成り立つような空間であることが、リベラルな社会が存続していくための条件なのである。[16]

相互に向けた正当化

このように、ロールズは、「政治的リベラリズム」および「平等主義的リベラリズム」のいずれの面においても、違いを抱える市民たちが相互に向けて正当化を行うことがリベラルな社会を成り立たせ、それを持続させるうえで不可欠であると考えていた。政治的リベラリズムにおいては、価値観（包括的教説）を異にする市民がその名宛人であり、平等主義的リベラリズムにおいては、より不利な立場（もっとも不利な立場を含む）を占める市民がその名宛人である。

正当化は、われわれと意見を異にする他の人びとに向けられている。……他の人びとに対してわれわれの政治的判断を正当化することは、公共的な理由によって、すなわち、根本的な政治的問題に適切な論拠や推論の方法によって、また、他の人びとも承認するのが理にかなっている諸々の確信・根拠・政治的価値に訴えて、他の人びとを納得させることである。

（『再説』§9・2、『正義論』§87）

市民は、このような相互の正当化の実践を繰り返すことによって、根本的な政治的問題をめぐる意見の相違を扱っていくが、リベラルな社会にあっては「判断の重荷」ゆえの対立《コンフリクト》は最後まで克服しがたいものとして残り続ける。「判断の重荷」とは、理にかなった人びとのあいだになおも残る理にかなった意見の不一致の源泉を指す[17]。維持されるべき自由な制度のもとでは、このような不一致の源泉がなくなることはない。

不一致が避けられない以上、多数決その他の民主的手続きによるそのつどの意思決定はつねに異論にひらかれた、誤りうるものである。ロールズは、相当程度に正義にかなった社会においても「市民的不服従」の実践の余地があることを認め、むしろ少数者による異議申し立てが制度をより正義にかなったものに再編していくうえで不可欠といってよい役割を果たすことを強調した[18]。

しかし、民主的な意思決定が誤りうることはその決定から正統性を奪うものではない。正統な手続きのもとでの意思決定は、ある幅での不正義を含むとしてもなお正統でありうる。

正統な手続きはそれに従ってつくられる〔それ自体〕正統な法や政策を導く。正統な手続きは慣行によって確立され、長く存続してきたものでもありうるし、また、そのようなものとして受容されうる。いかなる手続きや法も正義の厳格な基準に沿って正義にかなったものとされる必要はない。……私たちが手にするのは純粋に手続き的な民主的正統性であり、この正統性は……正義から区別される。正統性は、正義ならば許容しないだろうある幅の不正義の存在を認めるのである。

(『政治的リベラリズム』講義9、§5・3)

リベラルな社会における民主的な正統性は、つねに「ある幅の不正義」と共存するほかはない。相互正当化を行う市民の実践に問われるのは、この「幅」が広がりすぎ、決定内容から見て正統性に疑問が投げかけられるような事態を避けることである。

理想理論の役割

実際に、ロールズが生きたアメリカの社会は数々の不正義に満ちていた。ロールズが従軍した太平洋戦争では「交戦の正義」に対する重大な違背があった。『正義論』は公民権運動が一定の成果を結んでまだ間もない時期、そしてベトナム戦争がアメリカの敗北によって終わる前に出版された。また、アメリカは先住民が被った歴史的不正義への対応の点でもけっして十分ではなく、男性優位のジェンダー規範は女性に対する抑圧の慣行を依然として正当化していた。アマルティア・センの言葉を用いるならば、アメリカの社会は「明白な不正義」を現実に抱えていた。[19]ロールズが、そのような歴史的不正義、人種的不正義、あるいはジェンダー間の不正義などを縮減するために直接役立つ理論の探究に力を注いだかといえば、必ずしもそうはいえないところがある。[20]

ロールズが生涯を通じて精力を傾けたのは理想理論であり、実際、どの著作においても圧倒的な比重を占めるのは理想理論に関する論述である。理想理論とは、「非遵守」（正義原理に対する違背）や「不都合な状況」（物的・人的・技術的資源の不足）による負荷を免れた理想的な状況において妥当する理論である。そうした仮想的な状況において、われわれ――「あなたと私」（You and I）――は、どのような制度や規範を正義にかなっているとみなすだろうか。これが理想理論の中心的な問いである。ロールズはなぜ理想理論を重視し、非理想的な状況に対応する理論（非理想理論）に対して先行し、優先する位置づけを与えたのだろうか。

センは、「明白な不正義」を廃棄ないし縮減するうえで理想理論は「余計である」としてその役割をはっきりと否定した[21]。彼は、ロールズの理想理論を「超越論的」とも形容するが、これは明らかに誤解を招くものである。理想理論は経験的条件から乖離《かいり》したものではない。現実化の可能性があることは理想理論にも端から組み込まれており、たとえば「聖者」や「英雄」でなければ遵守できないような行為を指令するわけではない[22]。理想理論といえども、一般的事実によって制約されており、心理学などの知見を含め、そうした事実に関する認識や信念とも整合したものでなければならない。

ロールズの議論を整理すれば、理想理論の役割は、①現行の社会システムを批判的に評価するための視点――『正義論』では「アルキメデスの点」ともよばれた[23]――を得ること、②非理想的な状況が長期的に見てどのような「達成目標」に向けて克服されるべきかの方向づけを与え、制度再編の指針を提供すること、そして、③どのような不正義がより重大であるかを「体系的に把握し」、優先されるべき課題を特定することにある。[24]

たしかに、あらかじめ十分に正義にかなっている社会を想定し、その視点から現実の非理想的状況を省みるというアプローチが必要なのかについては、意見の分かれるところかもしれない。現に不正義が存在する状況においても、それを問題として認識し、克服しようとする具体的な実践から目指されるべき理想や価値を読み取り、現状に対して批判を提起することは可能である。とはいえ、ある種の対症療法に見られるように、不正義への即時的な対応がその影響を短期的に緩和しうるとしても、不正義を引き起こしている構造的なプロセスには関知しないのみならず、不正義の縮減をはかる対応の前進を阻むことすらありうる。[25]

理想理論の役割については論争が続くだろうが、同じ不正義への複数の対応それ自体を評価する視点は欠かすことができないように思われる。

『正義論』、『政治的リベラリズム』、そして『万民の法』においてロールズが行ったのは、意見を異にする他者に向けた正義の構想の正当化であった。注目したいのは、そうした正当化は、同時に、見解を異にする他者と（潜在的には）共有している諸価値を探り、それを明示化していくことでもあるということである。ロールズは、そうした価値などない、あるのは「神々の闘争」だけであるといった立場には与せず、むしろそうした闘争ですら何らかの共有される諸価値のもとで行われているはずだと考える。あるいは、擁護される正義の構想が、理にかなった仕方での受容可能性を見込めるほどの説得力をもちうるとすれば、それは議論の出発点とされた共有される諸価値についての想定（直観）が妥当なものであったことを示しているはずだと考える。

このように、共有される諸価値を探りつつ、それに訴えながら他者に向けて正当化を行うことは、迂遠《うえん》とも見える実践である。一義的な価値からトップダウンで展開されるような明快さは望みようがない。しかし、自由であるがゆえに多元的な社会を維持していこうとするのであれば、まさにさまざまな意見のあいだで「全方向的な対話《オムニローグ》」を重ねながら、相互に向けた正当化を根気強く行っていくほかはないだろう。ロールズは、まさにそのような途を自らたどってきたのである。

あとがき

二〇二一年は、ジョン・ロールズの生誕一〇〇周年、そして『正義論』の出版から五〇周年に当たる。この節目の年に本書を出版できたのは、私たち筆者にとって嬉しいことである。

本書でも参照したカトリーナ・フォレスタの『正義の影で』（*In the Shadow of Justice*）をはじめ、ロールズが政治哲学研究に及ぼしてきた圧倒的な影響を相対化し、平等主義的なリベラリズムを戦後の歴史的文脈のなかに——政治思想史の一つの「章」として——位置づけようとする動きも近年になって現れている。

フォレスタは、ロールズの「影」のもとにあるリベラルな政治哲学は、一九七〇年代末から新自由主義の思想と行動がアメリカをはじめ多くの社会を席巻するなかで、実践から隔たった理論の空間のなかで独自の発展と洗練を遂げてきたのではないかと見る。彼女の見方によれば、ロールズの基本的なアイディアは、国家の一元性に対して批判的だった一九五〇年代の多元主義にあり、このいわばレトロな政治哲学が、不当にも長く命脈を保ってきたことになる。

私たちはこの見方には同調しない。むしろ、ロールズらのリベラルな政治哲学が現実に対して保ってきた批判的な距離はその強みでもあり、実際、社会の不正義に取り組むうえで豊かな示唆を与えてもきた。この半世紀のあいだに格差は著しく拡大し、人びとを隔てる溝はさらに深まりつつある。また、価値観や生き方の違いに対する不寛容は、別の仕方で社会に亀裂を走らせている。本書で詳しく見たように、ロールズは、格差の拡大によって市民間の平等な関係が損なわれる事態、多元的な価値観が互いに排他的なものに転じることによって安定した共存が掘り崩される事態をすでに想定していた。

私たちの理解では、ロールズの政治哲学は時代遅れどころではない。「公正な機会の平等」や「財産所有のデモクラシー」、あるいは「重なり合うコンセンサス」といったアイディアは、社会が過度の不平等によって引き裂かれたり、多元性の否定によって抑圧的なものに転じたりすることなく存続していくことはいかにして可能か、という問いによって導かれたものである。むしろ、半世紀を経た今、このロールズの問いは一層アクチュアルになっているように思われる。

これよりも少し前の話になるが、政治に固有とされるリアリティを重視し、不完全であらざるをえない現実の社会に目を向ける立場(「政治的リアリズム」)からも、ロールズらの政治哲学に疑問が投げかけられたことがあった。つまり、ロールズらの議論は道徳的な正しさの問題に傾きすぎており、政治哲学というよりも「応用道徳哲学」ないし「応用倫理学」という呼称がふさわしいのではないかという批判である。

このような見方にも私たちは与しない。社会の制度や規範が「正義にかなっている」か否かを問うことは、政治哲学にとってはつねに中心的な、しかもリアルな課題でありつづけると考えるからである。終章の扉裏にも引用した通り、ロールズは『正義論』の冒頭部に次のように力強く記している。

「どれほど優美で無駄のない理論であろうとも、もしそれが真理に反しているのなら、棄却し修正せねばならない。それと同じように、どれだけ効率的でうまく編成されている法や制度であろうとも、もしそれが正義に反するのであれば、撤廃し改革せねばならない」

また、同じ著書の結語ではこうも語られている。

「人びとを尊敬するとは、社会全体の福利でさえくつがえすことのできない、正義にもとづく不可侵性をもつと承認することである。人びとを尊敬するとは、ある人の自由の喪失は他の人びとが享受する福利の拡充によって正当化されない、ということを肯定することにほかならない」

正義にかなっているか否かは、効率的かどうか、福利を向上させているかどうかよりも優先されるべき問いである。そして一人ひとりの自由な生き方は、他の人びとのやはり自由な生き方とも両立するものでなければならず、正義にかなった制度や規範から切り離すことができない。政治哲学にとって正－不正への問いがすべてではないことはたしかだが、いかに、そしてどのような方向に向けて不正義を縮減していくかがその重要な問いであることに変わりはない。

私たちがこの本を書いたのは、何よりも、ロールズの議論のもつアクチュアルな魅力をあらためて伝えたいと思ったからである。それに加え、いかんせん『正義論』も、後年のもう一つの主著である『政治的リベラリズム』も大著であり、容易にはかみ砕けない議論を含んでいる。ロールズについては、すでにいくつもの優れた解説書や研究書が出版されているが、新書という手に取りやすい媒体で、彼の議論の展開を少しでも分かりやすくお伝えできればと考えた次第である。

本書では、近年明らかになってきたエピソードを交えてロールズの生涯をたどりながら、同時に彼の主要著作についての紹介・解説も充実させることを心がけた。加えて、限られた紙幅ではあるが、ロールズの方法論や、『正義論』から『政治的リベラリズム』への「転回」をどう見るかという理論的な側面も重視することにした。

執筆に際しては、第一章、第三章、第五章を田中が、第二章、第四章、終章を齋藤が担当し、互いの原稿を照らし合わせて意見を交換し、それぞれ改稿するという形をとった。文体などの違いがまだ見られるとしても、文字通りの共著ととっていただいて差し支えない。

また、中央公論新社編集部の楊木文祥さんには、本書の企画から始まって出版にいたるまで本当にお世話になった。共著ゆえのご苦労もおかけしたが、タイミングのよいしかも温かい激励のおかげで、本書の執筆を気持ちよく進めることができた。深く御礼を申し上げる。

最後に、この本が社会正義の探究というプロジェクトの続行に少しでも寄与できることを願って、筆を擱きたい。

二〇二一年一〇月

齋藤純一
田中将人

53　ウォルツァー 2012 48頁
54　ウォルツァー 2012 538頁
55　『政治的リベラリズム』講義1 §8.2
56　『再説』§10.2
57　Gališanka 2019 p.187
58　『正義論』§31, §54
59　ウォルツァー 2012 54頁
60　『政治哲学史講義』序論 §1.2
61　『再説』§1.4

終章

1　『政治的リベラリズム』講義4 序論
2　『万民の法』§18.1
3　『再説』§26.2
4　「公共的理性」§6.1
5　「公共的理性」§4.1
6　ミュラー 2017 1章
7　ピケティ 2014, ミラノヴィッチ 2017
8　Gilens 2017, Scanlon 2018 ch.5
9　『再説』§45.3
10　『万民の法』§2.1
11　『政治的リベラリズム』講義9
12　「公共的理性」§1.1
13　『再説』§26.2, §33.4
14　『再説』§43.5
15　『再説』§44.2, §44.3
16　『政治的リベラリズム』講義9 §1.3
17　『再説』§11.4
18　『正義論』§55, §57, §59
19　セン 2011 序章
20　Mills 2017
21　セン 2011 2-4章
22　『正義論』§72
23　『正義論』§41
24　『正義論』§1
25　Simmons 2010

37 『万民の法』§3.3
38 ヤング 2014 4章

第五章

1 「ヒロシマから五〇年」106頁
2 『万民の法』§14.3
3 「ヒロシマから五〇年」113頁,『万民の法』§14.5
4 Freeman 2007 p.324
5 『政治哲学史講義』ルソー講義Ⅲ §1
6 『再説』§45.3
7 「回想」425頁
8 「公共的理性」§4.1
9 Dreben 2003 p.343
10 ウィトゲンシュタイン 2020 §107
11 「公共的理性」§4.3
12 「コモンウィール」616頁
13 「公共的理性」序論
14 Dreben 2003 p.323
15 「コモンウィール」622頁
16 Dworkin et al 1997
17 「コモンウィール」618-619頁
18 「私の宗教」264頁
19 清末 1990 422-469頁
20 Bodin 1975 p.471
21 『再説』§38.3
22 『再説』§11.3
23 『正義論』§34
24 Freeman 2007 p.326
25 フクヤマ 2013 1章
26 『再説』§39
27 『万民の法』§15.3
28 『政治哲学史講義』序論 §1.3
29 Fukuma 2014
30 井上 2019 7章
31 岩田 2003 202頁
32 『再説』§9.2
33 岩田 1994
34 『正義論』§9, §87
35 『政治哲学史講義』序論 §1.4
36 サンデル 2011 29章
37 『万民の法』§1.4
38 田中 2017 終章
39 Mandle 2009 p.16
40 『政治哲学史講義』編者の緒言
41 『正義論』§41
42 『再説』§1.2
43 『正義論』§39
44 『万民の法』§18.3
45 森本 2019 9章
46 『政治的リベラリズム』講義6 §8.5
47 中金 2000 150-153頁
48 サンデル 2011 28章
49 「公共的理性」§6.3
50 ミュラー 2017
51 『万民の法』§14.2
52 黒田 2000 292-293頁, モンク 1994 26章

41 『政治的リベラリズム』講義6 §6
42 ブレイク 2019
43 ミル 2020 158頁
44 『政治的リベラリズム』講義1 §1.4
45 『再説』 §26.2
46 『政治的リベラリズム』講義1 §2.2
47 『再説』 §57.3
48 齋藤 2018 189-193頁
49 『再説』 §58
50 ハーバーマス 2004 2章
51 田畑 2019
52 『政治的リベラリズム』講義4 §8.2
53 『再説』 §1.3
54 『再説』 §55.1
55 丸山 2014 357-358頁
56 田中 2017 5章, 宮本 2018
57 『政治的リベラリズム』講義6 §6.2
58 アッカマン 2020
59 アリストテレス 2001 4巻1章

第四章

1 『正義論』 §58
2 『万民の法』 §2.1
3 『万民の法』 §8.1-2, §9
4 『万民の法』 §18.1
5 『万民の法』 §1.3
6 『万民の法』 §4.1
7 『万民の法』 §3.2
8 『万民の法』 §13
9 『万民の法』 §8.2
10 『万民の法』 §10.1
11 『万民の法』 §15.3
12 『万民の法』 §10.2
13 『万民の法』 §13.2
14 『万民の法』 §14.1
15 『万民の法』 §14.4
16 『万民の法』 §16.2
17 『万民の法』 §15.1
18 ポッゲ 2010 5章
19 『万民の法』 §16.1
20 『万民の法』 §9.2
21 『万民の法』序説
22 Carens 2013 ch.11-12
23 『万民の法』序説
24 『正義論』 §19
25 『万民の法』 §9.3
26 ポッゲ 2010 序論, 8章
27 シンガー 2015, マッカスキル 2018
28 『万民の法』 §4.4
29 ヤング 2014 2章
30 『万民の法』 §18.3
31 『万民の法』 §5.1
32 『正義論』 §44
33 『再説』 §49.2
34 『再説』 §18.3, 『政治哲学史講義』ミル講義補遺
35 『正義論』 §44
36 『正義論』 §42

56 「公共的理性」§5.1
57 「公共的理性」§5.3
58 キテイ 2010 3-4章
59 『正義論』§41
60 『再説』§60.4
61 『正義論』§60
62 『再説』§37
63 『正義論』§9
64 『正義論』§4
65 「公共的理性」§7.3
66 『政治的リベラリズム』講義9 §1.3
67 『正義論』§77
68 Wolff 2020 ch.1

第三章

1 キムリッカ 2005, 神島 2018
2 スウィフト, ムルホール 2007
3 川本 2005 5章
4 児玉 2010 7章
5 『正義論』§39
6 ハート 1987 254頁
7 児玉 2010 8章
8 『再説』§2.2, §7.2
9 「カント的構成主義」317頁
10 『正義論』§5
11 『再説』§23.3, §43.1
12 福間 2007 1章1節
13 サンデル 2010
14 『再説』§13.4
15 『正義論』§84
16 『再説』§20
17 このうち, 84年度のModern Political Philosophyの講義音声はYouTubeにて視聴可能（2021年現在）
18 ミル 2020 30頁,『正義論』§33
19 ミル講義II §1.2
20 『再説』§41-42
21 『再説』§19.5
22 『再説』§14-16
23 ノージック 1995 7章
24 Freeman 2018 ch.2
25 『再説』§49.2
26 Forrester 2019 ch.7
27 Goodin 1985, Miller 1989, ローマー 1997, コーエン 2005
28 『正義論』§40, §86
29 『政治的リベラリズム』序論
30 『再説』§5.2
31 『再説』§44
32 『政治哲学史講義』ホッブズ講義II
33 『再説』§47.2
34 バーリン 2000 所収
35 Berlin 1988, Ryan 2012
36 『再説』§26.3
37 『再説』§12.3
38 『再説』§26.2
39 『再説』§13.7
40 『再説』§49.5

第二章

1 Forrester 2019
2 スキャンロン 2019
3 『正義論』 §3
4 『正義論』 §77,『再説』 §7.3
5 『再説』 §2.1
6 『再説』 §2.2
7 『正義論』 §25
8 『正義論』 §26
9 Freeman 2018 ch.2
10 セン，ウィリアムズ 2019
11 『正義論』 §5
12 「社会統合と基本財」252頁
13 『正義論』 §15,『再説』 §53.2
14 『政治的リベラリズム』講義5 §4
15 『正義論』 §29, §67
16 『再説』 §51
17 セン 2018
18 『正義論』 §1, §2
19 『再説』 13.1
20 『正義論』 §7
21 『正義論』 §32,『再説』 §45.1
22 『再説』 §49.2
23 『再説』 §49.4
24 『正義論』 §11
25 『再説』 §16.1
26 Cohen 2011 ch.1, アーネソン 2018
27 『再説』 §39.2
28 関係論的平等主義については，ほかに Scheffler 2010 ch.7, Scanlon 2018 ch.1-2, アンダーソン 2018
29 『正義論』 §16, §82
30 「公共的理性」 §7.3
31 『正義論』 §50
32 『正義論』 §50,『再説』 §46.2
33 『再説』 §7.3
34 『正義論』 §81
35 『正義論』 §26
36 『万民の法』 §5.3
37 『再説』 §42.4
38 『再説』 §41.4
39 『再説』 §42.4
40 『再説』 §42.4
41 福間 2007 1章3節
42 『政治的リベラリズム』ペーパーバック版への序論，lxiii頁
43 Edmundson 2017
44 『再説』 §42
45 Forrester 2019 ch.1
46 『再説』 §39.1
47 『再説』 §45
48 『再説』 §45.3
49 『再説』 §13.6
50 『正義論』 §12, §48
51 『正義論』 §47
52 『再説』 §21.1
53 「公共的理性」 §5.1
54 『正義論』 §75
55 『再説』 §2.2

注記一覧

はじめに

1 ノージック 1995 7章
2 サンデル 2011 29章
3 バーリン 2000 付録「政治理論はまだ存在するか」
4 「コモンウィール」616頁，621頁

第一章

1 川本 2005 1章，Pogge 2007 ch.1
2 『再説』 §10.1
3 Gališanka 2019 ch.1
4 Shklar 1989
5 『考察』 4章 §2.2
6 『正義論』 §48
7 山本 1992 90-93頁
8 ホッブズ 1992 13章
9 丸山 2016 18頁
10 丸山 1998 252頁
11 Reidy 2013
12 丸山 2014 所収
13 マルコム 1998
14 松元 2018
15 ヌスバウム 2011 7章
16 Kaufmann 1974
17 モンク 1994 26章
18 ウィトゲンシュタイン 2020
19 Gališanka 2019 ch.5-6
20 「トゥールミン書評」577頁
21 「トゥールミン書評」579頁
22 「二つのルール概念」301頁
23 ウィトゲンシュタイン 2020 §241
24 ウィトゲンシュタイン 2020 第2部 §327
25 ハート 2013 5章，中山 2000 2章
26 佐藤 2018
27 Forrester 2019 ch. 1
28 Forrester 2019 ch. 4
29 ハイエク 2008 9章
30 スキャンロン 2019
31 『正義論』 §30
32 Gališanka 2019 ch.7
33 『再説』 §13.5
34 Pogge 2007 ch.1
35 Forrester 2019 ch.2
36 『正義論』 §59
37 Gališanka 2019 ch.8
38 『政治哲学史講義』ルソー講義III §2
39 『正義論』 §40
40 Srinivas 1976

Jonathan Wolff, *Ethics and Public Policy: A Philosophical Inquiry*, Second Edition, Routledge, 2020.

University Press, 2019.

Martin Gilens, *Affluence and Influence: Economic Inequality and Political Power in America*, Princeton University Press, 2012.

Robert E. Goodin, *Protecting the Vulnerable: A Reanalysis of Our Social Responsibilities*, The University of Chicago Press, 1985.

Walter Kaufmann, *Nietzsche: Philosopher, Psychologist, Antichrist*, Fourth Edition, Princeton University Press, 1974.

Jon Mandle, *Rawls's A Theory of Justice: An Introduction*, Cambridge University Press, 2009.

David Miller, *Market, State, and Community: Theoretical Foundations of Market Socialism*, Oxford University Press, 1989.

Charles W. Mills, *Black Rights / White Wrongs: The Critique of Racial Liberalism*, Oxford University Press, 2017.

Thomas Pogge, *John Rawls: His Life and Theory of Justice*, Translated by Michelle Kosch, Oxford University Press, 2007

Hilary Putnam, John Rawls, 21 February 1921 · 24 November 2002, in *Proceedings of the American Philosophical Society*, Vol.149, No.1, 2005, pp.113-117.

David A. Reidy, From Philosophical Theology to Democratic Theory, in Jon Mandle and David A. Reidy(eds.) *A Companion to Rawls*, Wiley-Blackwell, 2013, pp.9-30.

Alan Ryan, Isaiah Berlin: The History of Ideas as Psychodrama, in *European Journal of Political Theory*, Vol.12, No.1, 2012, pp.61-73.

T. M. Scanlon, *Why Does Inequality Matter?* Oxford University Press, 2018.

Samuel Scheffler, *Equality and Tradition: Questions of Value in Moral and Political Theory*, Oxford University Press, 2010.

Judith N. Shklar, A Life of Learning, in Charles Homer Haskins Lecture, American Council of Learned Societies. *ACLS Occasional Papers*, No 9, 1989.

John A. Simmons, Ideal and Nonideal Theory, in *Philosophy and Public Affairs*, Vol.38, No.1, 2010, pp.5-36.

M. N. Srinivas, *The Remembered Village*, University of California Press, 1976.

ジョン・E. ローマー『これからの社会主義――市場社会主義の可能性』伊藤誠訳，青木書店，1997年

［洋書］

Isaiah Berlin, Letter to John Rawls, 31 August 1988, in *Supplementary Letters 1975-1997*, pp.91-92. Isaiah Berlin Online（https://isaiah-berlin.wolfson.ox.ac.uk）からアクセス可能。

Jean Bodin, *Colloquium of the Seven about Secrets of the Sublime*, Translated by Marion Leathers Kuntz, Princeton University Press, 1975.

Joseph H. Carens, *The Ethics of Immigration*, Oxford University Press, 2013.

G. A. Cohen, *Rescuing Justice and Equality*, Harvard University Press, 2008.

G. A. Cohen, *On the Currency of Egalitarian Justice, and Other Essays in Political Philosophy*, Princeton University Press, 2011.

Burton Dreben, On Rawls and Political Liberalism, in *The Cambridge Companion to Rawls*, Samuel Freeman(ed.), Cambridge University Press, 2003, pp.316-346.

Ronald Dworkin et al., Assisted Suicide: The Philosophers' Brief, in *The New York Review of Books*, March 27, 1997, pp.41-47.

William A. Edmundson, *John Rawls: Reticent Socialist*, Cambridge University Press, 2017.

Katrina Forrester, *In the Shadow of Justice: Postwar Liberalism and the Remaking of Political Philosophy*, Princeton University Press, 2019.

Samuel Freeman, *Justice and the Social Contract: Essays on Rawlsian Political Philosophy*, Oxford University Press, 2007.

Samuel Freeman, *Liberalism and Distributive Justice*, Oxford University Press, 2018.

Satoshi Fukuma, Rawls in Japan: A Brief Sketch of the Reception of John Rawls' Philosophy, in *Philosophy East and West*, Vol.64 No.4, 2014, pp.887-901.

Andrius Gališanka, *John Rawls: The Path to a Theory of Justice*, Harvard

エリザベス・ブレイク『最小の結婚――結婚をめぐる法と道徳』久保田裕之監訳，白澤社，2019年
チャールズ・ベイツ『国際秩序と正義』進藤榮一訳，岩波書店，1989年
トマス・ホッブズ『リヴァイアサン（第一巻）』水田洋訳，岩波文庫，1992年
トマス・ポッゲ『なぜ遠くの貧しい人への義務があるのか――世界的貧困と人権』立岩真也監訳，生活書院，2010年
ウィリアム・マッカスキル『〈効果的な利他主義〉宣言！――慈善活動への科学的アプローチ』千葉敏生訳，みすず書房，2018年
松元雅和「ロールズと倫理学方法論」井上彰編著『ロールズを読む』ナカニシヤ出版，2018年，27-49頁
ノーマン・マルコム『ウィトゲンシュタイン――天才哲学者の思い出』板坂元訳，平凡社ライブラリー，1998年
丸山眞男『定本　丸山眞男回顧談』上，松沢弘陽・植手通有・平石直昭，岩波現代文庫，2016年
丸山眞男『自己内対話――3冊のノートから』みすず書房，1998年
丸山眞男『政治の世界　他十篇』松本礼二編注，岩波文庫，2014年
宮本雅也「安定性から読み解くロールズの転回問題」井上彰編著『ロールズを読む』ナカニシヤ出版，2018年，50-72頁
ブランコ・ミラノヴィッチ『大不平等――エレファントカーブが予測する未来』立木勝訳，みすず書房，2017年
ヤン＝ヴェルナー・ミュラー『ポピュリズムとは何か』板橋拓己訳，岩波書店，2017年
J. S. ミル『自由論』関口正司訳，岩波文庫，2020年
森本あんり『キリスト教でたどるアメリカ史』角川ソフィア文庫，2019年
レイ・モンク『ウィトゲンシュタイン――天才の責務』1・2，岡田雅勝訳，みすず書房，1994年
山本七平『静かなる細き声』PHP研究所，1992年
アイリス・マリオン・ヤング『正義への責任』岡野八代・池田直子訳，岩波書店，2014年
ジャン＝ジャック・ルソー『社会契約論』作田啓一訳，白水Uブックス，2010年

アムズ編著『功利主義をのりこえて』後藤玲子監訳，ミネルヴァ書房，2019年，1-28頁
田中将人『ロールズの政治哲学――差異の神義論=正義論』風行社，2017年
田畑真一「ハーバーマスにおける公共」，『思想』1139号，岩波書店，2019年，51-67頁
ロナルド・ドゥオーキン『原理の問題』森村進・鳥澤円訳，岩波書店，2012年
中金聡『政治の生理学――必要悪のアートと論理』勁草書房，2000年
中山竜一『二十世紀の法思想』岩波書店，2000年
マーサ・ヌスバウム『良心の自由――アメリカの宗教的平等の伝統』河野哲也監訳，慶應義塾大学出版会，2011年
ロバート・ノージック『アナーキー・国家・ユートピア』嶋津格訳，木鐸社，1995年
F. A. ハイエク『社会正義の幻想――法と立法と自由II』篠塚慎吾訳，春秋社，2008年
H. L. A. ハート「ロールズにおける自由とその優先性」小林公訳，『権利・功利・自由』小林公・森村進訳，木鐸社，1987年，221-260頁
H. L. A. ハート『法の概念　第三版』長谷部恭男訳，ちくま学芸文庫，2014年
ユルゲン・ハーバーマス『他者の受容――多文化社会の政治理論に関する研究』高野昌行訳，法政大学出版局，2004年
アイザイア・バーリン『自由論』小川晃一・福田歓一・小池銈・生松敬三訳，みすず書房，2000年
トマ・ピケティ『21世紀の資本』山形浩生・守岡桜・森本正史訳，みすず書房，2014年
スコット・フィッツジェラルド『グレート・ギャツビー』村上春樹訳，中央公論新社，2006年
福間聡『ロールズのカント的構成主義――理由の倫理学』勁草書房，2007年
フランシス・フクヤマ『政治の起源――人類以前からフランス革命まで』上下，会田弘継訳，講談社，2013年

ウィル・キムリッカ『新版　現代政治理論』千葉眞・岡﨑晴輝ほか訳，日本経済評論社，2005年
清末尊大『ジャン・ボダンと危機の時代のフランス』木鐸社，1990年
黒田亘編『ウィトゲンシュタイン・セレクション』平凡社ライブラリー，2000年
G. A. コーエン『自己所有権・自由・平等』松井暁・中村宗之訳，青木書店，2005年
児玉聡『功利と直観――英米倫理思想史入門』勁草書房，2010年
齋藤純一「政治思想史におけるロールズ――政治社会の安定性という観点から」井上彰編著『ロールズを読む』ナカニシヤ出版，2018年，181-203頁
佐藤方宣「ロールズと経済学史――『正義論』へのナイトの影響が意味するもの」井上彰編著『ロールズを読む』ナカニシヤ出版，2018年，237-257頁
マイケル・サンデル『リベラリズムと正義の限界　第二版』菊池理夫訳，勁草書房，2009年
マイケル・サンデル『公共哲学――政治における道徳を考える』鬼澤忍訳，ちくま学芸文庫，2011年
ピーター・シンガー『あなたが世界のためにできるたったひとつのこと――〈効果的な利他主義〉のすすめ』関美和訳，NHK 出版，2015年
アダム・スウィフト，スティーヴン・ムルホール『リベラル・コミュニタリアン論争』飯島昇藏・谷澤正嗣ほか訳，勁草書房，2007年
T. M. スキャンロン「契約主義と功利主義」森村進訳，アマルティア・セン，バーナード・ウィリアムズ編著『功利主義をのりこえて』後藤玲子監訳，ミネルヴァ書房，2019年，139-174頁
アマルティア・セン『正義のアイデア』池本幸生訳，明石書店，2011年
アマルティア・セン『不平等の再検討――潜在能力と自由』池本幸生・野上裕生・佐藤仁訳，岩波現代文庫，2018年
アマルティア・セン，バーナード・ウィリアムズ「功利主義をのりこえて」後藤玲子訳，アマルティア・セン，バーナード・ウィリ

二次文献

［和書］

ブルース・アッカマン『アメリカ憲法理論史――その基底にあるもの』川岸令和・木下智史・阪口正二郎・谷澤正嗣訳，北大路書房，2020年
リチャード・アーネソン「平等と厚生機会の平等」米村幸太郎訳，広瀬巌編・監訳『平等主義基本論文集』勁草書房，2018年，39-64頁
アリストテレス『政治学』牛田徳子訳，京都大学学術出版会，2001年
エリザベス・アンダーソン「平等の要点とは何か（抄訳）」森悠一郎訳，広瀬巌編・監訳『平等主義基本論文集』勁草書房，2018年，65-129頁
井上彰編著『ロールズを読む』ナカニシヤ出版，2018年
井上達夫『普遍の再生――リベラリズムの現代世界論』岩波現代文庫，2019年
岩田靖夫『倫理の復権――ロールズ・ソクラテス・レヴィナス』岩波書店，1994年
岩田靖夫『ヨーロッパ思想入門』岩波ジュニア新書，2003年
ルートウィッヒ・ウィトゲンシュタイン『哲学探究』鬼界彰夫訳，講談社，2020年
マイケル・ウォルツァー『政治的に考える――マイケル・ウォルツァー論集』デイヴィッド・ミラー編，萩原能久・齋藤純一監訳，風行社，2012年
ジョナサン・ウルフ『「正しい政策」がないならどうすべきか――政策のための哲学』大澤津・原田健二朗訳，勁草書房，2016年（Wolff 2020 の抄訳）
神島裕子『正義とは何か――現代政治哲学の６つの視点』中公新書，2018年
川本隆史『ロールズ――正義の原理』講談社，2005年
エヴァ・フェダー・キテイ『愛の労働あるいは依存とケアの正義論』岡野八代・牟田和恵訳，白澤社，2010年

Thomas Nagel(ed.), Harvard University Press, 2009.【『考察』,「私の宗教」】
Review of Stephen Toulmin's *An Examination of the Place of Reason in Ethics*, in: *The Philosophical Review*, Vol.60, No.4, 1951, pp.572-580.【「トゥールミン書評」】
『公正としての正義』田中成明編訳，木鐸社，1979年
「倫理上の決定手続の概要」守屋明訳，『公正としての正義』255-288頁
「二つのルール概念」深田三徳訳，『公正としての正義』289-335頁
「公正としての正義」田中成明訳，『公正としての正義』31-77頁
Collected Papers, Samuel Freeman(ed.), Harvard University Press, 1999.
Kantian Constructivism in Moral Theory, in *Collected Papers*, pp.303-358.【「カント的構成主義」】
「社会統合と基本財」齊藤拓訳，アマルティア・セン，バーナード・ウィリアムズ編著『功利主義をのりこえて』後藤玲子監訳，ミネルヴァ書房，2019年，221-259頁
Justice as Fairness: Political not Metaphysical, in *Collected Papers*, pp.388-414.【「政治的・非形而上学的」】
The Idea of an Overlapping Consensus, in *Collected Papers*, pp.421-448.【「重なり合うコンセンサス」】
John Rawls: For the Record, Interview by Samuel Aybar, Joshua Harlan, and Won Lee, in: *The Harvard Review of Philosophy*, Spring 1991, pp.38-47.【「インタビュー」】
「原爆投下はなぜ不正なのか？」川本隆史訳，『世界』1996年2月号，103-114頁【「ヒロシマから五〇年」】
Commonweal Interview with John Rawls, in *Collected Papers*, pp.616-622.【「コモンウィール」】
A Reminiscence, in *Future Pasts: The Analytic Tradition in Twentieth Century Philosophy*, Juliet Floyd and Sanford Shieh, Oxford University Press, 2001, pp.417-430.【「回想」】
ロールズ・アーカイブ（"Papers of John Rawls" in Harvard University Archives）：https://hollisarchives.lib.harvard.edu/repositories/4/resources/4319

主要参考文献

＊一次文献は主要著作とその他に分け，それぞれおおまかに執筆順に並べた（但し書籍優先）．
＊邦訳が存在するものについては，原著の書誌情報は省略した．
＊一次文献のうち，注記や本文中で用いた略称，原題逐語訳などがあるものについては，末尾に併記している．
＊二次文献は和書と洋書に分け，著者姓の五〇音ならびにアルファベット順に並べた．

一次文献

［ロールズの主要著作］
『正義論　改訂版』川本隆史・福間聡・神島裕子訳，紀伊國屋書店，2010年
『公正としての正義 再説』エリン・ケリー編，田中成明・亀本洋・平井亮輔訳，岩波現代文庫，2020年【『再説』】
『政治哲学史講義』Ⅰ・Ⅱ，サミュエル・フリーマン編，齋藤純一・佐藤正志・山岡龍一・谷澤正嗣・髙山裕二・小田川大典訳，岩波現代文庫，2020年
『ロールズ 哲学史講義』上・下，バーバラ・ハーマン編，坂部恵監訳，久保田顕二・下野正俊・山根雄一郎訳，みすず書房，2005年（原題は『道徳哲学史講義』）
『政治的リベラリズム　増補版』神島裕子・福間聡訳，筑摩書房，2022年
『万民の法』中山竜一訳，岩波書店，2006年
「公共的理性の観念・再考」中山竜一訳，『万民の法』193-258頁，神島裕子・福間聡訳『政治的リベラリズム　増補版』520-583頁【「公共的理性」】

［その他］
A Brief Inquiry into the Meaning of Sin and Faith: with “On My Religion”,

齋藤純一（さいとう・じゅんいち）

1958年福島県生まれ．早稲田大学大学院政治学研究科博士後期課程単位取得退学．現在，早稲田大学教授．2016-2018年，日本政治学会理事長．単著に『公共性』『自由』『政治と複数性』『不平等を考える』『平等ってなんだろう？』など，共訳書に『偶然性・アイロニー・連帯』（R. ローティ著），『アーレント政治思想集成』（H. アーレント著，J. コーン編，全2巻），『ロールズ政治哲学史講義』（J. ロールズ著，S. フリーマン編，全2巻）などがある．

田中将人（たなか・まさと）

1982年広島県生まれ．2013年，早稲田大学大学院政治学研究科博士課程修了．博士（政治学）．現在，高崎経済大学・拓殖大学・早稲田大学非常勤講師．単著に『ロールズの政治哲学――差異の神義論＝正義論』，共著に『よくわかる政治思想』（野口雅弘・山本圭・髙山裕二編）などがある．

ジョン・ロールズ
中公新書 *2674*

2021年12月25日初版
2022年2月5日再版

著　者　齋藤純一
　　　　田中将人
発行者　松田陽三

本文印刷　暁印刷
カバー印刷　大熊整美堂
製　本　小泉製本

発行所　中央公論新社
〒100-8152
東京都千代田区大手町1-7-1
電話　販売　03-5299-1730
　　　編集　03-5299-1830
URL https://www.chuko.co.jp/

Published by CHUOKORON-SHINSHA, INC.
Printed in Japan　ISBN978-4-12-102674-3 C1212

中公新書刊行のことば

いまからちょうど五世紀まえ、グーテンベルクが近代印刷術を発明したとき、書物の大量生産は潜在的可能性を獲得し、いまからちょうど一世紀まえ、世界のおもな文明国で義務教育制度が採用されたとき、書物の大量需要の潜在性が形成された。この二つの潜在性がはげしく現実化したのが現代である。

いまや、書物によって視野を拡大し、変りゆく世界に豊かに対応しようとする強い要求を私たちは抑えることができない。この要求にこたえる義務を、今日の書物は背負っている。だが、その義務は、たんに専門的知識の通俗化をはかることによって果たされるものでもなく、通俗的好奇心にうったえて、いたずらに発行部数の巨大さを誇ることによって果たされるものでもない。現代を真摯に生きようとする読者に、真に知るに価いする知識だけを選びだして提供すること、これが中公新書の最大の目標である。

私たちは、知識として錯覚しているものによってしばしば動かされ、裏切られる。私たちは、作為によってあたえられた知識のうえに生きることがあまりに多く、ゆるぎない事実を通して思索することがあまりにすくない。中公新書が、その一貫した特色として自らに課すものは、この事実のみの持つ無条件の説得力を発揮させることである。現代にあらたな意味を投げかけるべく待機している過去の歴史的事実もまた、中公新書によって数多く発掘されるであろう。

中公新書は、現代を自らの眼で見つめようとする、逞しい知的な読者の活力となることを欲している。

一九六二年一一月

中公新書 政治・法律 h2

108 国際政治（改版） 高坂正堯
1686 国際政治とは何か 中西寛
2190 国際秩序 細谷雄一
1899 国連の政治力学 北岡伸一
2574 戦争とは何か 多湖淳
2652 戦争はいかに終結したか 千々和泰明
2621 リベラルとは何か 田中拓道
2410 ポピュリズムとは何か 水島治郎
2207 平和主義とは何か 松元雅和
2576 内戦と和平 東大作
2195 入門 人間の安全保障（増補版） 長有紀枝
2394 難民問題 墓田桂
2629 ロヒンギャ危機 中西嘉宏
2133 文化と外交 渡辺靖
113 日本の外交 入江昭
1000 新・日本の外交 入江昭
2402 現代日本外交史 宮城大蔵
2611 アメリカの政党政治 岡山裕
1272 アメリカ海兵隊 野中郁次郎
2650 米中対立 佐橋亮
2405 欧州複合危機 遠藤乾
2568 中国の行動原理 益尾知佐子
700 戦略的思考とは何か（改版） 岡崎久彦
2215 戦略論の名著 野中郁次郎編著
721 地政学入門（改版） 曽村保信
2566 海の地政学 竹田いさみ
2532 シンクタンクとは何か 船橋洋一